QUE SAIS-JE ?

La Cour d'Assises

DOMINIQUE VERNIER
Chargée de la rubrique judiciaire à l'Agence France-Presse

MAURICE PEYROT
Chroniqueur judiciaire au journal *Le Monde*
Secrétaire général de l'Association de la Presse judiciaire

Deuxième édition mise à jour

8e mille

ISBN 2 13 047725 9

Dépôt légal — 1re édition : 1989
2e édition mise à jour : 1996, avril

INTRODUCTION

André Gide écrivait en 1914, dans *Souvenirs de la Cour d'Assises* où il relatait son expérience de juré : « Certes, je ne me persuade pas que la société puisse se passer de tribunaux et de juges ; mais à quel point la justice humaine est chose douteuse et précaire, c'est ce que, douze jours durant, j'ai pu sentir jusqu'à l'angoisse. »

Suscitant autant de fascination que d'inquiétude, autant d'émotion que de malaise, la Cour d'Assises, depuis sa création en 1810, occupe, au sein des juridictions de jugement, une place particulière et même exceptionnelle à bien des égards.

Tout d'abord, elle est la seule juridiction de l'ordre judiciaire où la plus grande part de la décision est confiée à de simples citoyens tirés au sort pour tenir le rôle de magistrats pendant quelques jours ou parfois quelques semaines. D'autres instances fonctionnent avec des juges non professionnels, mais ces derniers sont alors désignés ou élus, pour une période beaucoup plus longue puisqu'elle est de quatre ans dans les tribunaux pour enfants et de cinq ans aux conseils des prud'hommes.

En Cour d'Assises, ces citoyens sont au nombre de neuf et siègent aux côtés de la Cour proprement dite composée de trois magistrats professionnels. Le serment qu'ils prêtent est à l'origine du terme « jurés » qui les désigne. Le système de vote est conçu pour donner à leur voix un poids prépondérant. Ce caractère populaire a induit deux autres originalités. Les arrêts rendus par la Cour et les jurés ne sont pas motivés car ils reposent uniquement sur « l'intime conviction » et surtout ils ne peuvent faire l'objet d'aucun recours devant une juridiction d'appel. Ces arrêts peuvent seulement être soumis à la Cour de Cassation qui se borne, en théorie, à vérifier si le Code de procédure pénale (CPP) a été scrupuleusement respecté.

Autre spécificité, la procédure menée devant la Cour d'Assises est strictement orale. Seul, le président a connaissance du dossier d'instruction, ses assesseurs et le jury ne disposant que des propos tenus en audience publique pour se forger leur opinion. Enfin, elle est la juridiction qui offre, du moins en apparence, les meilleures garanties pour la défense de l'accusé. L'on y prend son temps, les procès sont souvent longs, se déroulent sur quelques jours ou quelques semaines. Tout est réglé selon un rituel très rigoureux et l'accusé a, en principe, toute latitude pour s'exprimer et faire venir les témoins qui peuvent éventuellement l'aider à plaider sa cause. La présence d'un avocat est obligatoire.

Pourtant, la Cour d'Assises à la française est souvent regardée de manière critique. Certains disent que, malgré une apparente liberté de parole, la crainte de la cassation place les magistrats dans un carcan de procédure nuisible à l'examen approfondi des faits reprochés. D'autres soulignent que les décisions des jurés sont aussi aléatoires qu'une loterie et déplorent la disparité des peines d'une Cour à l'autre. D'autres encore estiment que la partie est inégale entre la défense et l'accusation, notamment parce que le président joue un trop grand rôle.

Toutes ces questions, nous les retrouverons dans l'examen en détail du fonctionnement de la Cour d'Assises.

Dans un premier temps, nous décrirons le chemin depuis la constatation d'une infraction jusqu'à la décision du juge d'instruction de qualifier ce fait de crime et d'en mettre en examen éventuellement l'auteur présumé, s'il est retrouvé.

Puis nous relaterons les différentes étapes de la naissance et de l'évolution des Cours d'Assises pour parvenir à celle que nous connaissons aujourd'hui.

Ensuite, nous retracerons, pas à pas, les différentes phases d'un procès d'Assises : interrogatoire de personnalité, examen des faits, explications des parties et délibéré.

Enfin, après avoir examiné deux cas particuliers (la Cour d'Assises des mineurs et la Cour d'Assises spéciale), nous verrons comment éventuellement un verdict d'Assises peut être annulé par la Cour de Cassation et comment la peine est effectivement exécutée par le condamné.

Chapitre I

DE L'INFRACTION AU CRIME

I. — Les trois types d'infraction

En droit pénal français, les infractions sont de trois types, « classés suivant leur gravité », ainsi que l'indique l'article 111-1 du Nouveau Code pénal : les crimes, les délits et les contraventions.

Le Nouveau Code pénal, tout comme l'ancien, ne précise pas davantage les contenus respectifs de ces infractions qui ne sont en fait définies que par la hauteur des sanctions qui les punissent.

1. **La contravention.** — La contravention qui est la forme la plus bénigne des infractions est sanctionnée par une amende variant de 250 francs (contravention de 1re classe) à 10 000 francs (contravention de 5e classe). Depuis l'entrée en vigueur du Nouveau Code pénal (1er mars 1994), les tribunaux de police ne peuvent plus prononcer de peines d'emprisonnement.

2. **Le délit.** — Les délits qui sont jugés par les tribunaux correctionnels sont passibles de plusieurs types de sanctions : amendes, jours-amendes, travail d'intérêt général, peines privatives ou restrictives de droit et enfin emprisonnement.

La nouvelle échelle des peines correctionnelles s'étale de six mois à dix ans d'emprisonnement. Ce seuil de dix ans constitue la nouvelle frontière entre l'emprisonnement et la réclusion. Cela signifie que si une Cour d'Assises prononce une peine de onze ans ou plus, il s'agit nécessairement de réclusion.

Parmi les délits, ont été supprimées quelques infractions – des archaïsmes, aux yeux de Robert Badinter –, comme la mendicité ou l'avortement pratiqué par la femme sur elle-même. Et certains délits comme le trafic de stupéfiants en bande organisée sont devenus des crimes.

3. **Le crime.**

A) *La réclusion, forme particulière d'emprisonnement.* — Le crime est puni de réclusion criminelle qui est un mode particulier d'emprisonnement que seules les Cours d'Assises peuvent prononcer.

Les peines peuvent aller de dix ans de réclusion criminelle à la réclusion à perpétuité. Une nouvelle peine de trente ans de réclusion qui n'existait pas jusqu'au 1er mars 1994 a été instaurée pour réintroduire une certaine hiérarchie des peines, après l'abolition de la peine de mort en octobre 1981.

La réclusion n'est plus comme avant une peine afflictive et infamante mais elle peut être assortie ou cumulée avec des peines complémentaires, lorsque la loi le prévoit. Ainsi, les auteurs d'atteintes volontaires à l'intégrité d'une personne, d'agressions sexuelles ou encore de trafic de stupéfiants peuvent être condamnés, outre leur peine de réclusion, à l'interdiction de droits civiques, civils et de famille.

B) *Une notion qui recouvre des infractions diverses.* — Dans le langage courant, le mot « crime » évoque immédiatement l'action de tuer. Pourtant, dans son acception juridique, le sens du terme est bien plus étendu puisqu'il recouvre des infractions très diverses.

Ainsi s'explique la locution de « crime de sang » pour désigner le meurtre et l'assassinat. A côté de ces crimes, on trouve les attaques à main armée (hold-up), les arrestations illégales et la séquestration de personnes (prise d'otage), le viol, les coups et blessures ayant entraîné la mort sans intention de la donner ou ayant provoqué une infirmité permanente, la trahison et l'espionnage. Figurent également parmi les crimes, les faux en écriture publique, le vol de deniers publics ou la fabrication de fausse monnaie. Outre le trafic organisé de stupéfiants, la liste des crimes s'est également étoffée de plusieurs nouvelles infractions : génocide, actes de torture et de barbarie...

C) *Un concept flou.* — La distinction entre les délits les plus graves et le crime est parfois difficile à établir. Ainsi, selon le lieu, l'époque et certaines circonstances extérieures à l'infraction, des faits semblables peuvent recevoir une qualification criminelle ou correctionnelle. Par exemple, le viol est un crime depuis le 23 décembre 1980 mais il arrive, même si cela est de plus en plus rare, qu'il soit correctionnalisé.

La délimitation imprécise entre délit et crime apparaît aussi lorsque l'on voit que les coups et blessures ayant entraîné la mort sans intention de la donner constituent un crime, alors que provoquer la mort de quelqu'un par une conduite imprudente en voiture n'est qualifié que de délit.

D) *Quelques exemples de peines encourues.* — Les crimes contre l'humanité, le génocide et l'assassinat (l'homicide volontaire avec préméditation) sont punis de la réclusion criminelle à perpétuité.

L'homicide volontaire « simple » est sanctionné de trente ans de réclusion, ainsi que la fabrication de fausse monnaie.

De leur côté, le viol et les violences ayant entraîné la mort sans intention de la donner sont passibles de quinze ans de réclusion.

II. — De la police à la justice : la première qualification des faits

1. **Le travail de la police et de la gendarmerie.** — Lorsqu'une infraction grave est constatée, la police ou la gendarmerie informe le procureur de la République du lieu qui, dans un premier temps, désigne le service chargé de l'enquête préliminaire. En zone urbaine, ce sera le plus souvent un service de police judiciaire (SRPJ), alors qu'en zone rurale l'enquête pourra être confiée à une brigade de recherche de la gendarmerie (BR). En cas de crime flagrant (CPP, art. 53) la sûreté urbaine ou la brigade de gendarmerie qui ont fait les premières constatations peuvent parfois conserver l'affaire si les investigations nécessaires sont peu importantes.

Le procureur de la République demande ensuite l'ouverture d'une information judiciaire en rédigeant un réquisitoire introductif. Cette pièce saisit le juge d'instruction désigné par le président du Tribunal et c'est désormais ce magistrat qui a, seul et lui seul, entière autorité sur l'enquête. Il est navrant de voir à quel point la littérature et le cinéma ont occulté ce magistrat pour donner tous les pouvoirs au « commissaire ». Il est vrai que ce travers révèle bien l'ambiguïté du rôle confié à la police.

2. **Le cadre de travail du juge d'instruction.** — En requérant l'ouverture d'une information, le Parquet énonce une première qualification des faits en précisant le ou les articles du Code pénal qui les répriment. C'est donc à cet instant qu'un acte sera considéré comme un crime ou comme un délit, même si, dans le cours de la

procédure, cette qualification pourra être modifiée. Toutefois, au début de l'instruction, le juge est tenu par les termes du réquisitoire introductif. Si l'information fait apparaître des éléments de nature à faire réviser les termes de la mise en examen ou à étendre son champ d'investigation à d'autres faits, il devra solliciter du Parquet un réquisitoire supplétif.

Le ou les suspects seront donc les mis en examen dans les limites du réquisitoire introductif par le magistrat instructeur qui prendra la décision de les placer ou non sous mandat de dépôt. Dès la mise en examen, le juge doit informer l'intéressé de son droit à choisir un défenseur.

S'agissant de l'enquête elle-même, le juge d'instruction, indique l'article 81 du CPP, « procède, conformément à la loi, à tous les actes d'information qu'il juge utiles à la manifestation de la vérité ». Le magistrat exécute lui-même certains de ces actes mais en confie d'autres à des officiers de police judiciaire, à qui il délivre une commission rogatoire. On désigne par ce terme la mission donnée par un juge d'instruction à un officier de police judiciaire – policier ou gendarme – de procéder à un acte d'instruction en son nom (audition, perquisition, saisie, etc.).

III. — L'instruction criminelle

1. **Le travail du juge.** — Facultative en matière correctionnelle, l'instruction est obligatoire en matière criminelle. Elle servira de base à celle qui sera menée plus tard publiquement par le président de la Cour d'Assises. Sur les faits, le juge entendra le mis en examen, les témoins et la partie civile – la famille de la victime, par exemple – qui a pu se constituer dès l'ouverture de l'information. Il fera procéder à toutes les expertises qu'il estimera nécessaires ou qui lui auront été demandées par le Parquet, la

défense ou la partie civile. Pour le mis en examen, le magistrat instructeur désignera un enquêteur de personnalité qui recueillera le plus grand nombre de renseignements sur sa vie (école, travail, amis...). Enfin, des experts psychiatriques et médico-psychologiques seront nommés pour dresser un tableau clinique de la personne mise en examen. Leur rapport peut être contesté par la défense qui a la faculté de demander une contre-expertise. Désormais le juge doit répondre à toute demande de la défense par une ordonnance motivée.

2. **Le secret de l'instruction.** — Le travail du juge est protégé par le secret de l'instruction. Selon l'article 11 du Code de procédure pénale, « sauf dans le cas où la loi en dispose autrement et sans préjudice des droits de la défense, la procédure au cours de l'enquête et de l'instruction est secrète. Toute personne qui concourt à cette procédure est tenue au secret professionnel... ».

Il suffit de lire les journaux pour constater que ce texte est bafoué chaque jour, sans que la justice s'en émeuve toujours : certains juges tiennent de véritables conférences de presse, pendant que le Parquet et les avocats laissent filtrer des informations destinées à conforter, chacun, leur thèse.

Il est régulièrement question d'aménager le secret de l'instruction d'une manière plus réaliste. L'une des propositions qui revient le plus souvent consisterait à ce que certaines phases de l'instruction se déroulent en audience publique. Il ne s'agit que d'un projet et, actuellement, le secret conserve une étrange nature. Rigide quand il arrange, souple quand il dérange.

IV. — Le rôle des psychiatres

1. **La mission des psychiatres.** — En matière criminelle, l'expertise psychiatrique est obligatoire.

Le magistrat instructeur charge un spécialiste d'examiner la personne mise en examen en lui demandant de répondre aux questions suivantes préimprimées sur un formulaire de « commission d'expert » :

— L'examen du sujet révèle-t-il chez lui des anomalies mentales ou psychiques ? Le cas échéant les décrire et préciser à quelles affections elles se rattachent.

— L'infraction qui est reprochée au sujet est-elle ou non en relation avec de telles anomalies ?

— Le sujet présente-t-il un état dangereux ?

— Le sujet est-il accessible à une sanction pénale ?

— Le sujet est-il curable ou réadaptable ?

2. **L'incidence des expertises.** — Selon le résultat des expertises et des contre-expertises, le magistrat jugera s'il doit soit joindre le rapport au dossier d'instruction, soit prononcer un « non-lieu à poursuivre » en application de l'article 122-1 du Code pénal qui stipule :

« N'est pas pénalement responsable la personne qui était atteinte, au moment des faits, d'un trouble psychique ou neuro-psychique ayant aboli son discernement ou le contrôle de ses actes. La personne qui était atteinte, au moment des faits, d'un trouble psychique ou neuro-psychique ayant altéré son discernement ou entravé le contrôle de ses actes demeure punissable : toutefois, la juridiction tient compte de cette circonstance lorsqu'elle détermine la peine et en fixe le régime. »

3. **Discussion sur le nouvel article 122-1.** — A en croire psychiatres et experts, réunis en juin 1995 à Paris, la nouvelle définition de l'irresponsabilité pénale ne semble pas avoir fondamentalement modifié la situation antérieure, caractérisée d'ailleurs par une baisse notable des non-lieux psychiatriques (370 en 1993, contre 611 en 1989 et 488 en 1987). Certes les thérapeutes peuvent se féliciter de ce que l'acte de leurs patients ne soit plus purement et simplement nié (« il n'y a ni crime ni délit », disait l'ancien article 64), ce

qui est de nature à faciliter la mise en place d'une cure. Mais les experts ont toujours et peut-être même encore plus cette très lourde tâche de graduer la responsabilité d'une personne et de poser un pronostic sur la dangerosité d'un accusé, ce qui constitue toujours une « imposture » aux yeux de certains psychiatres.

4. **Le mode de désignation.** — Le juge les choisit sur une liste établie par la Cour d'Appel comportant uniquement les psychiatres qui ont souhaité se faire inscrire. Leur faible nombre conduit à désigner souvent les mêmes experts qui, pour certains, ont fait de l'expertise leur activité principale. Le phénomène est d'ailleurs observable en d'autres matières que la psychiatrie, ce qui a fait dire à quelques mauvaises langues qu'il s'agissait d'« experts en expertise ». Même si cette appréciation est excessive, il est certain que les psychiatres sont amenés à répondre à des questions qui sont étrangères à leur art.

En outre, l'un des reproches les plus souvent adressés aux experts concerne le délai qui s'écoule entre les faits et la visite de l'expert en prison : plusieurs semaines, voire plusieurs mois. Comment dans ces conditions apprécier dans quel état se trouvait l'accusé « au moment des faits » ?

Quoi qu'il en soit, un des médecins qui a abandonné, depuis, l'expertise, le Dr Michel Landry, considère que « l'expert émet un jugement déguisé en diagnostic ».

V. — Le dernier maillon : la chambre d'accusation

1. **Composition.** — Composée de trois magistrats, cette juridiction de la Cour d'Appel a notamment pour rôle de contrôler l'activité du juge d'instruction. Le

Parquet, la partie civile dans certains cas, et le mis en examen lui-même peuvent s'adresser à elle, chaque fois qu'une décision du juge rendue par ordonnance leur semble contestable. Seule, l'ordonnance de mise en examen ne peut faire l'objet d'aucun appel.

Ainsi, la Chambre pourra être amenée à se prononcer sur des décisions relatives à la mise en détention provisoire, à la mise en liberté ou encore à la recevabilité de la constitution de partie civile.

Les audiences se tiennent comme devant un tribunal ordinaire selon une procédure contradictoire : les avocats de la personne mise en examen et des parties civiles plaident leur cause et l'avocat général fait connaître sa position. Cependant, pour préserver le secret de l'instruction, les débats ont lieu à huis clos.

2. **Compétence.** — Outre ses prérogatives en cours d'instruction, la chambre d'accusation a une autre mission. Lorsque le magistrat instructeur estime son information terminée, il ordonne que le dossier soit transmis par le procureur de la République au procureur général près la Cour d'Appel (CPP, art. 181) qui lui-même le soumet à la chambre d'accusation avec ses réquisitions. A ce stade, cette juridiction a pour rôle de vérifier si les charges retenues contre le mis en examen sont suffisantes pour justifier la poursuite criminelle. Il lui faut donc étudier l'ensemble du dossier et, avant de prendre une décision, les magistrats vont consacrer une audience, toujours à huis clos, pour entendre les observations du Parquet général, des conseils des parties civiles et des avocats de la défense. Ces interventions sont généralement courtes car il s'agit là d'une procédure écrite : le procureur général a transmis ses réquisitions et les avocats ont déposé leurs mémoires.

Dans un arrêt qui doit être motivé, la chambre d'accusation peut se prononcer de plusieurs manières. Si elle estime que l'instruction est incomplète, elle ordonne un supplément d'information en confiant ce travail soit à l'un de ses membres, soit à un juge délégué. Si elle se considère suffisamment informée, elle peut se décider selon trois formes. Soit elle prononce un non-lieu à poursuivre si elle juge que les charges sont insuffisantes. Soit elle requalifie les faits en délits pour qu'ils soient jugés par un tribunal correctionnel. Troisième possibilité : elle ordonne le renvoi devant la Cour d'Assises.

Enfin, la chambre d'accusation peut être amenée à statuer, lorsqu'un tribunal correctionnel s'est déclaré incompétent, au profit de la Cour d'Assises.

Sous certaines conditions, les arrêts de la chambre d'accusation peuvent faire l'objet d'un pourvoi en cassation et la procédure est souvent longue. Mais lorsque la mise en accusation est définitive, le mis en examen devient alors un « accusé ».

Chapitre II

LES PERSONNAGES DE LA COUR D'ASSISES

I. — Les origines historiques

A peine un an après la prise de la Bastille, la réorganisation judiciaire est en route : la loi du 16-24 août 1790 introduit la séparation entre la justice civile et la justice pénale. Celle du 19-22 juillet 1791 crée trois ordres de juridiction : le tribunal de police municipal, le tribunal de police correctionnel et le tribunal criminel départemental. Enfin, la loi du 16-29 septembre 1791 vient compléter ce dispositif, avec la définition des attributions de la police de sûreté, le fonctionnement de la justice criminelle et l'établissement des jurés. Ce sont là les fondements d'une justice démocratique, en rupture avec l'organisation de la vie judiciaire de l'Ancien Régime.

1. **La première période 1790-1793.** — Pendant toute cette période le jury intervient à deux niveaux.

Un premier jury dit « jury d'accusation » a la responsabilité du renvoi d'un accusé devant le tribunal criminel départemental. Comptant huit jurés tirés au sort sur une liste de trente noms, il est assisté d'un directeur du jury, juge du district, qui a pour tâche d'expliquer « avec clarté et simplicité » l'objet de l'accusation. Les jurés entendent la lecture des pièces et les dépositions des témoins. Puis ils se retirent, seuls, pour décider si les charges sont suffisantes contre la personne en cause pour la renvoyer devant le tribunal criminel départemental.

Un deuxième jury siège au sein du tribunal criminel. Cette juridiction est installée le plus souvent au chef-lieu du département. Elle est composée d'un président, élu pour six ans par les électeurs du département, de trois juges pris à tour de rôle dans le département, d'un commissaire du roi, exclusivement attaché au tribunal criminel, et d'un accusateur public, élu également pour six ans. Le commissaire du roi devait requérir et donc proposer une peine, comme le fait aujourd'hui l'avocat général, tandis que l'accusateur public soutenait l'accusation tout au long des débats. Ces deux fonctions sont à présent remplies par une même personne. Enfin, aux côtés de ces six personnages, siégeaient douze jurés chargés de se prononcer uniquement sur la culpabilité de l'accusé.

Devant le tribunal criminel la procédure est orale, publique, simple et comporte une totale liberté pour la défense. Le président dirige les débats ; l'accusateur public expose l'objet de l'accusation ; les témoins viennent déposer. L'accusé ne subit aucun interrogatoire, contrairement à ce qui se passe aujourd'hui devant la Cour d'Assises. Il ne peut prendre la parole qu'après l'accusateur public. Ensuite le président résume les débats et pose les questions sur la culpabilité aux jurés. Ceux-ci répondent à voix haute, la main sur le cœur, par oui ou par non. Dix suffrages sur douze entraînent la culpabilité. Dans ce cas, les juges décident alors de la peine à infliger. Ils le font à haute voix et publiquement.

2. **Le Tribunal révolutionnaire (1793-1794).** — Installé en mars 1793 à Paris – il y en eut également en

province à titre provisoire –, le Tribunal révolutionnaire est, par définition, une juridiction d'exception. Elle est un des symboles d'une période historique: «la Terreur». Il est formé de cinq juges, d'un accusateur public et de douze jurés. Les décisions prises sont immédiatement exécutoires, sans appel ni recours. Depuis son installation jusqu'à sa suppression le 27 juillet 1794, le Tribunal révolutionnaire de Paris (appelé aussi Tribunal criminel extraordinaire) a prononcé 4021 jugements dont 2585 condamnations à mort, 1306 acquittements, 72 peines de prison, 36 déportations et 22 renvois devant d'autres tribunaux (*Actes du Tribunal révolutionnaire,* coll. «Le Temps retrouvé», Mercure de France, 1986).

3. **Les réformes napoléoniennes.** — La Cour d'Assises va succéder en 1810 au tribunal criminel qui, après la brève période que nous venons de décrire, va reprendre ses fonctions normalement. Elle est issue du nouveau Code d'instruction criminelle de 1808 (ancêtre de notre Code de procédure pénale) et du Code pénal de 1810 qui a été profondément remanié par le Nouveau Code pénal entré en vigueur au 1er mars 1994.

Le président de la Cour d'Assises est, comme maintenant, un magistrat de la Cour d'Appel qui est périodiquement délégué pour tenir les assises de son département. La Cour est composée de ce magistrat, de quatre juges, d'un seul représentant du ministère public et de douze jurés. Quant au jury d'accusation, il est supprimé pour être remplacé par un juge unique: le juge d'instruction. Toutefois, ce magistrat n'a pas le pouvoir de renvoyer devant la Cour d'Assises. Cette tâche revient à la chambre des mises en accusation composée de trois magistrats, qui deviendra plus tard la chambre d'accusation dont nous avons parlé à la fin du chapitre précédent.

4. **La situation aujourd'hui.** — Actuellement, il existe dans chaque département une Cour d'Assises qui siège généralement dans le chef-lieu. Parmi les exceptions, celle des Bouches-du-Rhône se réunit à Aix-en-Provence et celle du Nord est à Douai et non à Lille.

Depuis 1959, cette juridiction est composée de douze personnes : neuf jurés et trois magistrats professionnels. Ce sont eux qui décident de l'acquittement ou de la condamnation à une peine par un arrêt, communément appelé « verdict », terme emprunté à l'anglais mais provenant du latin *vere dictum* : véritablement dit.

Pour siéger, la Cour a besoin d'un(e) greffier(ère), d'un huissier et, avant de prendre sa décision, doit entendre les plaidoiries de la partie civile (représentant les victimes), les réquisitions de l'avocat général ainsi que les explications des avocats de la défense (parlant pour l'accusé).

Vu depuis les bancs du public, l'avocat général se trouve généralement à gauche de la Cour, dans un box situé à la même hauteur que celle-ci. Ce magistrat du Parquet est soumis à sa hiérarchie et donc nommé directement par la Chancellerie. Il est en principe aux ordres de celle-ci et doit, du moins dans son réquisitoire écrit, suivre les indications de ses supérieurs. Toutefois, si « la plume est serve, la parole est libre » : il peut donc oralement développer sa propre conception d'un dossier.

Son rôle est de défendre les intérêts de la société et de faire appliquer la loi. C'est lui qui proposera à la Cour une sanction mais il a la faculté aussi de suggérer l'acquittement. Dans ce cas, il formule ses doutes « en s'en remettant à la sagesse du jury ». Son discours s'appelle un réquisitoire.

En face de l'avocat général et à droite de la Cour, siège le (ou la) greffier(ère). Fonctionnaire du ministère de la Justice, le greffier assure de multiples missions. D'abord, il doit lire à la Cour l'arrêt de renvoi de la chambre d'accusation qui relate les faits et les circonstances du crime, ainsi que les charges pesant sur l'accusé. Ensuite, il informe le président des modes de citation des témoins et note leurs absences. C'est encore le greffier qui doit dresser les procès-verbaux des moments clés des audiences et notamment des incidents éventuels qui ont pu s'y dérouler et dont l'avocat s'est fait donner acte.

Enfin, un dernier personnage qui fait face au président, l'huissier de justice. Mis à la disposition de la Cour par une charge d'huissier, il est notamment responsable de l'appel des témoins, de leur sortie de la salle d'audience pour les conduire dans une pièce isolée avant leur audition afin que leurs témoignages ne puissent être influencés par ce qu'ils pourraient y entendre. C'est encore lui qui les fera entrer dans le prétoire, au fur et à mesure que le président le lui demandera. Il sera amené, le cas échéant, à briser les scellés qui protègent les pièces à conviction afin de présenter celles-ci à la Cour et aux jurés.

II. — La Cour proprement dite

Au sein de la Cour d'Assises, la Cour proprement dite est l'ensemble des trois magistrats professionnels qui siègent aux côtés des neuf jurés.

1. **Le président.** — Parmi eux, le président. Il est désigné par le premier président de la Cour d'Appel du ressort où l'affaire est jugée. Il est généralement président de chambre ou conseiller à la Cour d'Appel, fonctions qu'il occupe en dehors des sessions d'Assises. En effet, la Cour d'Assises est une juridiction qui ne siège pas en permanence.

Au sein de la Cour, le président joue un rôle primordial. C'est lui, en premier lieu, qui détient le pouvoir de police de l'audience. Il peut ainsi décider de faire évacuer le public, accepter ou refuser certaines personnes dans ce même public, sans avoir à motiver sa décision. Il autorise ou s'oppose à ce que des caméras ou appareils photo prennent des images avant l'ouverture du procès. A cet égard, il faut rappeler que les appareils photographiques, les caméras, les magnétophones et tout appareil d'enregistrement sont strictement interdits dans l'enceinte d'une Cour d'Assises pendant le déroulement d'un procès.

Une seule exception, les procès qualifiés d'historiques, depuis une loi du 11 juillet 1985. Ce texte, adopté à l'initiative du ministre de la Justice de l'époque Robert Badinter, prévoit « que les audiences publiques devant les juridictions administratives et judiciaires peuvent faire l'objet d'un enregistrement audiovisuel ou sonore (...) lorsque cet enregistrement présente un intérêt pour la constitution d'archives historiques de la justice ». La décision est prise par le premier président de la Cour d'Appel, pour les affaires d'Assises. Une commission consultative des archives audiovisuelles de la Justice doit donner son avis. Celle-ci est composée d'un député et d'un sénateur, du directeur général des Archives de France, de six magistrats, de deux avocats et deux journalistes. Pendant les vingt ans qui suivent la clôture du procès, la consultation intégrale ou partielle de l'enregistrement peut être autorisée à des fins historiques et scientifiques, à la demande des ministres de la Justice et de la Culture. A l'expiration de ce délai, la consultation est libre. Jusqu'à présent seuls les procès de Klaus Barbie (1987) et de Paul Touvier (1994) ont été filmés en application de cette loi. Les enregistrements, précise le texte du 11 juillet 1985, sont réalisés dans des conditions ne portant atteinte « ni au bon fonctionnement des débats ni au libre exercice des droits de la défense. Ils sont effectués à partir de points fixes» dans la salle (cf. art. 308, CPP).

Maître des débats et de la façon dont il entend qu'ils se déroulent, le président de la Cour d'Assises dispose en outre d'un pouvoir propre, qu'on appelle pouvoir discrétionnaire.

A titre d'exemple, il peut décider que la Cour se transporte sur les lieux du crime, ou d'entendre, même s'ils n'ont pas été régulièrement cités, des témoins sans que ceux-ci prêtent serment.

Il peut aussi ordonner une nouvelle expertise, distribuer des photos ou plans des lieux du crime aux jurés, lire la déposition d'un témoin absent, bref tous actes qui permettent, selon lui, de faciliter la preuve et d'aider à la manifestation de la vérité. Enfin, il est de son rôle également de renvoyer le procès à une date ultérieure, afin de faire procéder à un complément d'information.

C'est à lui que revient aussi d'effectuer une formalité indispensable: il doit recevoir l'accusé, au plus tard cinq jours francs (ouvrables) avant le début de l'audience. Cette entrevue, au cours de laquelle autrefois le président pouvait poser des questions sur le fond à l'accusé, se réduit maintenant à trois vérifications: identité de l'accusé, connaissance par celui-ci de l'arrêt de renvoi de la chambre d'accusation, et désignation, si besoin est, d'un avocat commis d'office.

2. **Les assesseurs.** — Aux côtés du président, à sa gauche et à sa droite, siègent deux assesseurs. C'est aussi le premier président de la Cour d'Appel qui les désigne. Il les choisit généralement parmi les conseillers de la Cour d'Appel. Ils sont alors, comme le président, vêtus de rouge. Mais ils peuvent être également des magistrats du tribunal de grande instance de la ville où se tiennent les Assises. Ils portent alors une robe noire.

Depuis 1972, le président et les deux assesseurs se partagent en quelque sorte le pouvoir discrétionnaire. Le président n'est plus tenu de décider seul en cette matière. Il peut, s'il l'estime nécessaire, saisir la Cour afin que la décision soit prise collégialement.

3. **Les incompatibilités.** — Aucun de ces trois magistrats ne doit être frappé d'incompatibilité (CPP, art. 353). En effet, afin que les membres de la Cour aient l'esprit dégagé de tout *a priori* pour juger un accusé, il est interdit de nommer président ou assesseur dans une affaire d'Assises des magistrats qui auraient eu à connaître antérieurement du fond de l'affaire. Le juge ayant instruit le dossier ne peut évidemment pas siéger dans la juridiction de jugement. Pas plus qu'un auditeur de justice qui aurait pu aider ce juge d'instruction ou encore un magistrat qui aurait eu, lors d'une absence, à le remplacer. Enfin, aucun des membres de la chambre d'accusation qui a participé à la rédaction de l'arrêt de renvoi d'un accusé devant la Cour d'Assises ne peut faire partie de la Cour qui jugera cet accusé.

Les pouvoirs et la place de ces trois magistrats formant la Cour évolueront au fil du temps, en même temps que se modifieront les tâches assignées aux jurés. Nous examinerons cette évolution en retraçant brièvement les transformations successives qu'a connues le jury.

III. — Les jurés

Les jurés sont des citoyens tirés au sort, puis sélectionnés en fonction de différentes modalités, sur des listes électorales. Pour chaque affaire, neuf d'entre eux sont tirés au sort dans une urne qui doit comprendre au moins 23 noms et jusqu'à 35 noms de titulaires et ceux de 10 suppléants.

1. **Évolution historique.** — De 1791 à aujourd'hui, le jury a subi de nombreuses modifications : les conditions requises pour être juré, le mode de tirage au sort, leur nombre et enfin leurs pouvoirs n'ont cessé de varier.

A) *Le nombre.* — Lors de la création de la Cour d'Assises, qui s'inspire alors du droit anglais, le nombre des jurés siégeant aux côtés des trois magistrats était de douze et est resté le même pendant cent cinquante ans.

La première modification est intervenue le 25 novembre 1941, sous le gouvernement de Vichy. Leur nombre tombe alors à six, soit la moitié moins que dans la première législation.

Dès la fin de la guerre, le 20 avril 1945, le nouveau gouvernement prenait une ordonnance portant ce chiffre à sept. Il faudra encore attendre quatorze ans pour que le nombre de jurés atteigne celui d'aujourd'hui, c'est-à-dire neuf.

C'est en effet le Code de procédure pénale de 1959 qui a fixé à neuf le nombre de jurés, un nombre qui n'a subi depuis aucune modification ou même sérieuse contestation.

B) *Leurs pouvoirs.* — L'évolution la plus significative du rôle dévolu aux jurés est celle de leurs pouvoirs et prérogatives. A l'origine, la séparation entre les faits (le dossier) et le droit (application de la loi et des peines) était totale et absolue. De 1791 à 1832, les jurés n'avaient à se préoccuper que de la culpabilité. Si celle-ci était prononcée, les magistrats décidaient seuls de l'importance de la sanction.

Cette séparation, fort pertinente sur le plan théorique puisque par définition des citoyens ordinaires ne peuvent être tous de fins juristes, se révéla, à l'épreuve, fort difficile à tenir. En effet, les jurés rendaient un verdict sur la culpabilité mais n'avaient aucune influence sur la façon dont les magistrats professionnels allaient décider de la peine. Il en résulta un grand nombre d'acquittements, les jurés préférant déclarer « non coupable » un accusé qu'ils craignaient de voir condamner trop lourdement.

Au début du siècle, selon des chiffres cités par MM. Roger Merle et André Vitu (*Traité de droit criminel,* Éd. Cujas, 3e éd.), le taux d'acquittement était ainsi de 31 % contre 5 à 7 % aujourd'hui.

La première réforme destinée à pallier cet inconvénient octroyait aux jurés la possibilité d'accorder des circonstances atténuantes (loi du 28 avril 1832). Mais l'effet en était relativement limité, car les magistrats ne pouvaient descendre que d'un seul degré dans l'échelle des peines.

Aussi, le nombre d'acquittements ne baissa que très peu et il fallut attendre encore cent ans pour remédier à cette situation et introduire une première forme de collaboration entre la Cour et les jurés. La loi du 5 mars 1932 prévoyait en effet que ceux-ci continuaient de délibérer seuls sur l'innocence ou la culpabilité de l'accusé ainsi que sur les circonstances atténuantes, mais que désormais ils délibéreraient avec la Cour sur la qualification du fait retenu. Par exemple, s'agit-il d'un homicide volontaire, involontaire ou d'un assassinat, ou encore de simples coups et blessures ayant entraîné la mort sans intention de la donner ? Et, surtout, ils délibéraient ensemble sur le quantum de la peine.

La dernière étape remonte à la loi du 25 novembre 1941 : depuis cette date, la Cour et les jurés discutent ensemble de tous les problèmes : culpabilité ou innocence, circonstances atténuantes et hauteur de la condamnation.

C) *Le tirage au sort.* — Là aussi, la doctrine a évolué au fil des années, variant sans cesse de la conception de juré-magistrat à celle de juré-citoyen.

De la naissance de la Cour d'Assises en 1810 à la loi du 4 juin 1853, l'idée était que la fonction de juré était un droit civique. Aussi, tout citoyen inscrit sur les listes électorales pouvait devenir, un jour ou l'autre, juré, le temps d'une session d'Assises (un ensemble d'affaires plaidées pendant une période de quinze jours en général, plus longtemps dans certains cas particuliers).

A partir de 1853, au contraire, le juré était considéré davantage comme un magistrat. Il devait donc non seulement jouir de ses droits civiques mais aussi répondre à différents critères d'âge, de culture et de moralité.

Cette situation s'est traduite concrètement par différentes manières de confectionner les listes sur lesquelles sont tirés au sort les jurés pour chaque affaire.

Depuis 1853, date charnière pour l'évolution de la doctrine en ce domaine, plusieurs nouvelles lois sont intervenues. Tout d'abord, celle du 21 novembre 1872 qui a, sur bien des points, repris et précisé celle de 1853.

Au regard du texte de 1872, il était dressé dans chaque département une liste annuelle du jury. Tous les trois mois étaient tirés au sort 40 noms dont 36 titulaires et 4 suppléants ; sur cette liste, n'étaient portés que ceux des citoyens qui, tout en répondant aux autres conditions d'âge (cf. II, 1, D) et de jouissance des droits civiques, devaient également disposer des qualités intellectuelles et morales « leur permettant d'avoir la volonté de bien juger ». Les commissions cantonales établissaient les listes, avec les maires des différentes communes concernées et sous l'autorité d'un juge de paix, équivalent actuel d'un juge d'instance. La liste définitive était enfin arrêtée par la commission d'arrondissement, composée du président du tribunal civil, de tous les juges de paix et conseillers généraux de l'arrondissement.

Ces modalités de choix des jurés ont fait l'objet de nombreuses critiques, notamment en raison de cette première sélection effectuée par les commissions, au regard de critères souvent subjectifs et en tout cas incontrôlables. André Gide le souligne dès 1914 dans son livre *Souvenirs de la Cour d'Assises*: pendant six ans, il a demandé à être mis sur ces listes de jurés, sans y parvenir, et ce n'est qu'après ces six ans d'attente qu'il a été inscrit sur une liste de jurés, lui permettant d'être tiré au sort pour juger plusieurs affaires.

C'est cent ans plus tard, le 28 juillet 1978, qu'une réforme reviendra en partie sur cette subtile sélection qui avait pour effet de faire figurer, parmi les jurés, essentiellement des notables et des personnes âgées. Sous la pression d'une partie de la profession d'avocat, dont certains d'ailleurs le regrettent amèrement aujourd'hui, la loi promulguée en 1978 revient à laisser presque exclusivement aux mains du sort le choix des jurés (cf. II, 2).

D) *L'âge.* — Lors de la création des premières Cours d'Assises, l'âge requis pour être juré était de vingt-cinq ans. Le Code de 1793 l'abaissa à vingt et un ans mais, à partir de la Constitution de l'an VIII (1799), il est porté à trente ans. Il en sera ainsi sous tous les régimes et toutes les Constitutions jusqu'au 23 décembre 1972. Ce n'est qu'à partir de cette date-là que l'âge a été porté à vingt-trois ans, soit la même limite que celle fixée pour briguer un mandat électif (député...).

E) *Les incompatibilités.* — Au fil du temps et de la transformation des rapports sociaux, la liste des professions jugées incompatibles avec le magistère de juré a subi des modifications tout à fait significatives.

Ainsi, par exemple, la loi de 1872 excluait les domestiques et serviteurs à gages parce qu'ils « ne peuvent jouir d'une totale indépendance », et ceux qui « ne savent pas écrire et lire le français ». N'étaient pas choisis non plus à l'époque comme jurés les fonctionnaires de police, des douanes et les militaires de l'armée active. Les magistrats, députés, ministres, membres du Conseil d'État ou de la Cour des comptes ne pouvaient, pas plus qu'aujourd'hui, être jurés. Enfin, elle accordait une dispense aux septuagénaires qui le souhaitaient et à ceux qui « ont besoin pour vivre de leur travail manuel et journalier ». On le verra, dans la situation actuelle des jurys (II, 2), de nombreux changements sont intervenus depuis.

En dehors de ces interdictions professionnelles, étaient exclues – et le sont toujours – les personnes condamnées à une peine de réclusion criminelle, les personnes privées de la jouissance de leurs droits civiques et de famille ainsi que ceux qui n'ont pas la nationalité française. Sont également incapables d'être jurés, ceux qui sont condamnés, pour un délit quelconque, à moins d'un mois de prison ou à une amende au moins égale à 500 francs.

2. **La situation aujourd'hui.**

A) *Le jury actuel.* — Aujourd'hui, le jury est donc composé de neuf citoyens, âgés de vingt-trois ans au moins, français, jouissant de leurs droits civiques et de famille, sachant lire et écrire. Depuis 1978, leurs noms sont tirés au sort publiquement par les maires des communes, à partir des listes électorales. Les commissions n'ont plus à choisir des noms pour les mettre sur des listes mais à enlever des listes les noms de ceux qui ne correspondent pas aux critères que nous venons d'énumérer.

Certaines des professions exclues ont disparu, telles que les fonctionnaires des douanes ou les serviteurs à gages. D'autres ont été rajoutées, tels les sénateurs et les membres du Conseil économique et social, du

Conseil constitutionnel et du Conseil supérieur de la magistrature.

Après avoir retiré les noms des personnes frappées par une incompatibilité, la commission procède à un deuxième tirage au sort pour aboutir à une liste annuelle départementale d'au moins 400 noms. La base de calcul est de un juré pour 1 300 habitants et de un juré pour 1 800 à Paris.

Cette commission est présidée soit par le premier président de la Cour d'Appel, soit par le président du tribunal de grande instance. Elle comprend trois magistrats du siège, un représentant du ministère public, le bâtonnier de l'ordre des avocats et cinq conseillers généraux désignés chaque année par le Conseil général (à Paris, ils sont remplacés par cinq conseillers municipaux).

C'est au sein de la liste des 400 noms que sera puisé, en audience publique, un nombre de 35 titulaires et de 10 suppléants. Parmi ces noms, le président, lors de l'ouverture du procès, tirera au sort les neuf jurés de chaque affaire.

B) *Controverses sur les jurés.* — Les jurés d'aujourd'hui sont plus jeunes, en moyenne, que leurs prédécesseurs et surtout représentent mieux qu'autrefois les différentes couches de la société. Censés « ne trahir ni les intérêts de l'accusé, ni ceux de la société qui les accuse », les jurés ont une tâche lourde. Ils doivent se prémunir et de l'influence des magistrats avec qui ils siègent désormais pour l'intégralité du délibéré, et de leurs propres préjugés.

Aussi, certains avocats soulignent-ils que les citoyens « moyens » qui ne sont plus des notables sont trop confrontés, pour beaucoup d'entre eux, à la délinquance qu'ils ont à juger. Ils ne peuvent pas, selon ces critiques, garder la sérénité et la distance nécessaires pour rendre des verdicts adaptés. En d'autres termes,

certains reprochent aux jurés actuels, trop vulnérables, de rendre des décisions rarement proportionnées à la gravité des faits reprochés. D'où aussi les grandes disparités de traitement d'un même type de fait (un assassinat, par exemple) d'une Cour d'Assises à une autre. Certes, la personnalité du président joue son rôle. Mais la culture, les traditions, les valeurs véhiculées par les habitants de telle ou telle région pèsent aussi pour une part non négligeable.

Au début du XIXe siècle, on trouvait déjà des critiques virulentes contre l'institution des jurés. Ainsi, le magistrat Muraire, président de la Cour de Cassation, chargée depuis 1802 de faire un bilan annuel des vices de la législation et de préconiser des remèdes, écrivait-il à ce propos :

> « Le triste résultat de l'impunité des plus grands crimes, offensant la morale publique, effrayant la société, a presque conduit à douter si l'institution des jurés, si belle en théorie, n'a pas été jusqu'à aujourd'hui plus nuisible qu'unie dans ses effets. Et bientôt, ce premier doute conduisant à un second, peut-être faudrait-il examiner encore si, dans un pays où il n'y a plus ni distinction, ni féodalité, ni privilège, l'institution des jurés offre des avantages bien réels ; si l'institution s'adapte parfaitement au caractère national, si elle peut bien s'allier avec ce sentiment trop ordinaire de générosité et d'indulgence dans les uns, de timidité dans les autres, qui portera toujours à la commisération l'homme qui ne s'est pas fortifié dans l'habitude de juger, et qui ne voit devant lui que l'homme qu'il va frapper, la société n'étant à ses yeux qu'un être abstrait et invisible » (propos rapportés par Locre, dans son ouvrage *Législation civile, commerciale et criminelle,* 1831-1832).

C) *Un rôle difficile.* — Siéger dans une Cour d'Assises n'est pas chose facile. Certains le craignent tant qu'ils font tout pour y échapper en s'abritant derrière une force majeure comme la maladie : ils se refusent à juger les autres. D'autres sont passionnés par ce rôle qui leur incombe. Ils se sentent investis d'une mission publique qu'ils accomplissent avec beaucoup de scrupules et de sérieux.

Mais tous les jurés sont conscients de l'extrême gravité de leur rôle. Il n'est pas rare que tel homme connu pour ses opinions répressives avoue, en privé, avoir voté pour un acquittement, saisi par le doute. Et tel autre confie qu'il ne verra plus jamais les choses de la même façon, après avoir jugé un homme dont il a connu les moindres détails de la vie.

Le législateur considère la fonction de juré comme un devoir civique. S'y soustraire peut entraîner une condamnation à une amende.

Enfin, les jurés, tout comme le président ou les assesseurs, « ont le devoir de ne pas manifester leur opinion » (art. 311 du CPP). Un juré qui pleure, applaudit, s'endort, s'évanouit ou exprime tout haut un point de vue personnel est normalement remplacé, si le président s'en aperçoit ou si la défense le remarque et en fait état.

Lors de l'examen par la Cour d'Assises de Privas du cas de Pascal B..., accusé du meurtre de trois jeunes gens, un juré avait applaudi l'avocat de la partie civile lorsqu'il avait proféré gravement ces phrases: « Nous ne pardonnons pas, nous n'excusons pas. Quelle que soit la peine que vous prononcerez Pascal B... sortira. Et nous, nous garderons le souvenir d'Isabelle et de Philippe (deux des trois victimes) à perpétuité. » A la reprise de l'audience le lendemain matin, le président décida de remplacer le juré qui avait, expliqua-t-il, applaudi de façon instinctive. Dans son arrêt, le magistrat avait souligné que la « manifestation du juré n'altérait pas l'indépendance des autres jurés et qu'il n'y avait pas lieu de les remplacer ».

Chapitre III

L'EXAMEN DE LA PERSONNALITÉ

> « Certes, la représentation est truquée, en ce sens que le décor est si imposant qu'il retient davantage l'attention que les acteurs...
>
> « La hiérarchie est présente dans la mise en scène, comme elle est présente dans l'institution. Les plus beaux, les plus chamarrés, les plus décorés, les plus déguisés, ce sont les juges. Ceux qui occupent les positions les plus élevées, ce sont les juges. C'est eux qui attirent le regard. Les justiciables demeurent dans la grisaille quotidienne. Il ne peut venir à l'idée de personne que c'est eux qui sont les plus importants, et que toute cette machinerie ne devrait fonctionner qu'à leur service. »
>
> (Casamayor, *La Justice,* coll.« L'air du temps », NRF, Gallimard, 1978.)

« La Cour ! » Dans certaines juridictions, ces mots lancés d'une voix forte par l'huissier ont été précédés de trois coups frappés solennellement sur une des portes de la salle selon un cérémonial qui n'est pas sans rappeler celui d'une pièce de théâtre. Les similitudes iront plus loin tout au long de l'audience avec cette différence que chacun joue ici son propre rôle, du simple témoin de moralité à l'accusé lui-même. Tout semble avoir été fait pour renforcer le caractère théâtral de cet étrange spectacle : le président porte une robe rouge à parements d'hermine et, selon leur grade, les assesseurs et l'avocat général sont vêtus de rouge ou de noir. Dans les palais de justice modernes, la moquette et le béton ont remplacé les lambris dorés et le parquet grinçant, mais manifestement l'architecte a voulu conserver aux lieux l'aspect solennel d'antan comme si la gravité des faits était inséparable de celle du décor.

I. — L'entrée de l'accusé

« Faites entrer l'accusé. » Invariablement, l'homme qui répond d'un crime pénètre dans la salle, encadré de deux gendarmes, puis prend place dans le box qui lui est réservé. En effet, même si, au cours de l'instruction, sa mise en liberté a été décidée, il doit se présenter la veille de l'ouverture du procès à la maison d'arrêt de la ville pour se constituer prisonnier.

Toutefois, l'article 318 du CCP précise bien que l'accusé doit comparaître « libre » : c'est pourquoi on lui enlève ses menottes dès qu'il est installé dans le box.

Seuls, ceux qui sont poursuivis pour des délits connexes (en relation avec le crime principal) mais qui avaient été laissés en liberté sont placés hors du box des accusés.

Le président procède alors à un bref interrogatoire d'identité qui relève à notre époque du seul formalisme. Il demande à l'accusé ses nom, prénoms, âge, profession et résidence. Il s'agit là d'une survivance d'un usage rendu jadis nécessaire pour éviter les confusions de personnes. Aujourd'hui les accusés répondent automatiquement à ces questions de pure vérification et il n'y a guère de surprise. Mais il est vrai que cet interrogatoire très formel donne parfois lieu à des situations comiques : certains gangsters chevronnés qui sont emprisonnés depuis de nombreuses années ont parfois quelques hésitations ou sourires lorsqu'ils doivent préciser leur métier et surtout leur domicile...

II. — La constitution du jury de jugement

1. **Le tirage au sort des jurés.** — Le greffier fait ensuite l'appel des jurés présents pendant que le président place dans une urne des cartons portant chacun un nom, avant de procéder au tirage au sort de neuf d'entre eux.

Parfois, cet appel peut faire apparaître un grand nombre d'absents qui sont éventuellement condamnés à des amendes, s'ils n'ont pas fourni de raisons sérieuses. Si le nombre de jurés présents est inférieur à 23, l'affaire est renvoyée à une autre session.

L'accusé peut récuser cinq jurés au maximum tandis que l'avocat général ne peut en récuser que quatre.

Les avocats de la défense qui doivent se mettre d'accord sur les jurés qu'ils rejettent ont peu d'éléments rationnels pour se décider. Les seules informations dont ils disposent sont le sexe, l'âge et la profession. Aussi, les conseils de l'accusé éliminent-ils en général ceux qui exercent le même métier que la victime, dans la crainte qu'ils ne s'identifient à celle-ci. Pour le reste, ils se cantonnent à un examen « au jugé » de la personne qui s'avance sous leurs yeux avant de gagner la grande table de la Cour, espérant découvrir sa personnalité, lors de ce simple passage.

Dans certains procès, la défense se fixe une composition type du jury idéal pour le crime qui sera jugé. Elle va donc selon les cas favoriser les jeunes ou les plus âgés, les femmes ou les hommes. Mais les avocats sont sans illusion et savent parfaitement que ce tri est purement aléatoire. Gilles Perrault raconte dans *Le pull-over rouge* comment Me Robert Badinter, avocat de Patrick Henry, découvre en cours d'audience qu'il a récusé une militante de la section locale de la Ligue des droits de l'Homme, donc hostile à la peine de mort.

L'avocat général use peu de son droit de récusation, et encore s'exerce-t-il sur des critères obscurs, sauf si, par exemple, le juré a le même métier que l'accusé. En dehors de raisons semblables, le magistrat peut se déterminer à partir de renseignements que sa position lui permet d'obtenir auprès des services de police. Il semble qu'il use également de son droit de récusation pour satisfaire un juré qui lui a demandé préalablement à ne pas participer à cette session pour des motifs personnels ou professionnels. En tout cas, la décision du magistrat est prise d'avance car il se prononce le plus souvent sans avoir même jeté un regard sur le juré récusé.

2. **Les jurés supplémentaires.** — Avant le tirage au sort, la Cour aura décidé par arrêt si elle doit procéder au tirage d'un ou plusieurs jurés supplémentaires. L'article 296, alinéa 2 du CPP précise que ce tirage a lieu « dans le cas où l'un ou plusieurs jurés seraient empêchés de suivre les débats jusqu'au prononcé du verdict de la Cour d'Assises ». En pratique, cette disposition est appliquée lorsque le procès est prévu sur plusieurs jours. Ces jurés ne participeront aux délibérations que s'ils ont dû remplacer un juré défaillant.

De même, la Cour peut s'adjoindre un ou deux assesseurs supplémentaires, si les débats risquent d'être particulièrement longs.

3. **Le serment des jurés.** — L'article 304 du Code de procédure pénale dispose : « Le président adresse aux jurés, debout et découverts, le discours suivant : Vous jurez et promettez d'examiner avec l'attention la plus scrupuleuse les charges qui seront portées contre X..., de ne trahir ni les intérêts de l'accusé, ni ceux de la société

qui l'accuse, de ne communiquer avec personne jusqu'après votre déclaration ; de n'écouter ni la haine ni la méchanceté, ni la crainte ou l'affection ; de vous décider d'après les charges et les moyens de la défense, suivant votre conscience et votre intime conviction, avec l'impartialité et la fermeté qui conviennent à un homme probe et libre, et de conserver le secret des délibérations, même après la cessation de vos fonctions. »

Chacun des jurés appelé individuellement par le président répond en levant la main droite : « Je le jure. »

L'article 226-13 du Nouveau Code pénal prévoit pour les jurés violant le secret des délibérations une peine d'un an d'emprisonnement et une amende de 100 000 francs. Dans la pratique, ces condamnations sont assez rares.

III. — L'ouverture des débats

1. **L'appel des témoins.** — Dès que le président a déclaré le jury définitivement constitué, les débats sont ouverts. L'huissier procède à l'appel des témoins et les conduit dans « la chambre qui leur est destinée », selon la formule de l'article 325 du CPP qui précise que le président « prend s'il en est besoin toute mesure utile pour empêcher les témoins de conférer entre eux ».

2. **La lecture de l'arrêt de renvoi.** — Lorsque les témoins sont sortis de la salle, le président invite l'accusé à écouter avec attention l'arrêt de renvoi de la chambre d'accusation et ordonne au greffier de lire cet arrêt à « haute et intelligible voix » (CPP, art. 327). L'accusé, son défenseur, le conseil de la partie civile, l'avocat général et le président connaissent ce document dans les moindres détails. Aussi, cette lecture est-elle surtout destinée aux jurés, aux deux assesseurs et au public. Ce texte, qui est rédigé en partie dans un

style juridique un peu rebutant, comporte un exposé des faits souvent très long et parfois fastidieux. Il arrive donc que le jury doive entendre une interminable succession d'observations qui résument l'instruction, lue avec des talents divers par des greffiers souvent désabusés. Pendant cette lecture et tout au long de l'audience, les jurés peuvent prendre des notes.

Cette simple lecture peut parfois entraîner des réactions chez les jurés qui découvrent l'histoire d'un crime. Ainsi, devant la Cour d'Assises de Paris, le récit détaillé des sévices sexuels infligés par un jeune homme à trois homosexuels avait provoqué l'évanouissement d'un juré, une jeune femme enceinte. L'audience fut immédiatement suspendue : le juré ne revint pas, expliquant à son réveil qu'elle ne pourrait supporter une telle affaire. Et elle fut remplacée par un des jurés supplémentaires tiré au sort au début du procès.

Enfin, après avoir averti l'accusé du maximum de la peine qu'il encourt en raison des faits qui lui sont reprochés, l'interrogatoire de personnalité commence.

IV. — **L'itinéraire de l'accusé**

Cette partie de l'audience n'est que très peu encadrée par les textes qui ne font pas de distinction entre l'interrogatoire sur les faits et celui sur la vie et le caractère de l'accusé.

Pourtant, cette phase des débats est capitale car elle va permettre au jury de se faire une idée de l'accusé avec laquelle il interprétera et jugera les faits auxquels l'accusé a été mêlé. Les faits sont inséparables de la personnalité et la Cour d'Assises est, avec les tribunaux pour enfants, la seule juridiction où la dimension humaine soit examinée avec tant de soin.

Les ouvrages de droit négligent généralement ce

moment important du procès d'Assises qui, il est vrai, ne donne guère lieu à des incidents de nature juridique.

1. **La nécessaire impartialité du président.** — La seule règle concerne l'attitude du président qui ne doit pas manifester ses opinions personnelles sur la culpabilité. Encore est-elle appliquée de manière très souple, selon la personnalité du magistrat, et souffre-t-elle de certains abus : le ton employé, trop aimable ou au contraire d'ironie méchante, la façon de parler à l'accusé induisent très souvent une manière de voir qui frise une partialité pourtant interdite.

Son rôle est particulièrement important car c'est lui qui, par ses questions, par les rappels qu'il fera, et même par ses silences, autorisera l'accusé à s'exprimer au mieux. Le magistrat débute généralement par un bref rappel du milieu dans lequel l'accusé a vu le jour. Il lui passe ensuite la parole pour préciser ou rectifier certains points mais il guide ses propos en fonction des renseignements pris dans l'enquête de personnalité qui figure au dossier.

L'homme ou la femme qui se trouve dans le box devra donc révéler publiquement dans une enceinte souvent majestueuse ce que furent son enfance, sa jeunesse, ses parents, s'il les aimait ou les détestait, en confiant parfois les détails les plus intimes de sa vie privée, s'il y est invité par son défenseur ou par un président particulièrement curieux ou humain. Certes, le banc des accusés n'est pas un divan et les jurés, sauf exception, ne sont pas des psychiatres, mais il arrive qu'un homme parvienne à se confier pour la première fois depuis longtemps. Dans un grand nombre de cas, personne ne s'est intéressé à eux d'une manière aussi intense jusque-là.

Inversement, un président sec ou brutal pourra « bloquer » l'accusé le plus coopératif au point de réduire l'interrogatoire à une simple énumération d'employeurs, ponctuée de « oui » ou de « non » par l'accusé. Le plus souvent, le président l'aide, s'il y consent, à s'exprimer le mieux possible, mais un trop grand nombre de présidents ont le grave défaut de l'interrompre systématiquement au moment où il a enfin pu se détendre et trouver le courage de parler.

Chez certains magistrats, ce comportement n'est pas innocent, comme s'ils redoutaient d'être débordés par le récit de l'accusé ou que le discours de ce dernier puisse entraîner une opinion trop favorable des jurés.

Le moindre élément négatif pourra être interprété à la lumière des faits : l'exclusion d'une école, un licenciement, la rupture avec « une femme qui pourtant vous aimait bien » seront parfois d'un effet catastrophique pour peu que le magistrat ou l'avocat général le relève de manière pernicieuse ou pleine de sous-entendus.

En résumé, un « bon » président doit être le plus impartial possible, permettant à l'accusé de s'exprimer librement, avec ses mots, de manière à apporter aux jurés une information complète.

En tout cas, l'attitude du président pourra être tempérée par les interventions des parties, encore que celles de la partie civile et du représentant du Parquet soient peu fréquentes à ce stade des débats. En revanche, l'avocat de la défense a un rôle essentiel à jouer dans cette manche-là : celui de mettre en valeur les éléments susceptibles de diminuer la peine.

2. **Les témoins de moralité.** — S'ils n'ont pas été cités comme témoins, le président peut donner lecture des appréciations des employeurs, professeurs, amis ou membres de la famille de l'accusé. La défense aura eu la faculté de demander que certaines personnes viennent déposer à la barre. Il pourra s'agir des mêmes témoins que ceux des faits. Mais, pour l'heure, on ne leur donnera la parole que sur la personnalité. Le

témoin jure «de parler sans haine et sans crainte, de dire toute la vérité, rien que la vérité». Certains d'entre eux sont dispensés de prêter serment: ce sont les «parents et alliés», les ascendants, descendants directs, frères et sœurs, maris et femmes même après le divorce, et certains membres de la famille fixés par la jurisprudence (Chapar, p. 106). La concubine, elle, peut prêter serment.

Il s'agit là encore d'un pur formalisme car le fait que des personnes qui ne peuvent prêter serment soient entendues «à titre de simple renseignement» ne change pas grand-chose à l'impact de leurs déclarations sur les jurés. Toutefois, cette formule épargne aux personnes qui ne jurent pas de dire la vérité d'éventuels risques de poursuites pour faux témoignage.

Paradoxalement, le défilé des témoins de moralité, qui parfois s'étend à des personnalités, comme lors des procès de Roger Knobelspiess en janvier 1986 où s'étaient succédé artistes, intellectuels, journalistes, chanteurs, ne tourne pas toujours à l'avantage de l'accusé.

Ainsi, une trop longue série de dépositions en faveur de celui qui est dans le box peut être lassante pour les jurés et provoquer l'effet inverse de celui attendu. Tous ceux qui disent «du bien» de l'accusé sont suspectés d'être complaisants ou de parler sous la pression d'un clan ou de la famille. Dans d'autres circonstances, certains témoins dits de moralité laissent entendre des appréciations parfaitement négatives, comme si, bien que connaissant intimement l'accusé, ils s'en sentaient coupables et voulaient en quelque sorte s'en éloigner.

V. — Les experts-psychiatres

Comme nous l'avons vu dans le chapitre I, IV, 3, si le bénéfice de l'article 122-1 sur l'abolition du discernement ou du contrôle de ses actes ne lui est pas accordé, l'accusé comparaît devant une Cour d'Assises. Il est considéré par les experts comme au moins « partiellement responsable » de ses actes. Aussi, à l'audience, les experts viendront répéter cette formule, dans une terminologie qui se veut accessible à la compréhension des jurés, et avec des nuances non négligeables.

1. **Le rapport des psychiatres.** — Ainsi, l'individu considéré comme « normal » sera décrit comme « pleinement responsable ». Celui qui souffre de quelque névrose – appelée souvent troubles de la personnalité ou troubles caractériels – pourra se voir attribuer une responsabilité « moyenne » ou « atténuée ». Enfin, il est devenu fréquent d'entendre un psychiatre parler de « responsabilité très largement atténuée », en énumérant une série de symptômes inquiétants qu'il a constatés. L'expert va évoquer tantôt « un état prépsychotique », tantôt une « tendance à la schizophrénie », sans pour autant considérer que le sujet relève de l'article 122-1. Certes, la psychiatrie ne permet pas de se montrer catégorique, mais elle dispose en l'occurrence d'un pouvoir décisif, que certains disent exorbitant.

Les experts-psychiatres font ainsi renvoyer devant des Cours d'Assises des cas qu'ils disent *border-line* (cas limite, frontière entre la névrose, en principe curable, et la psychose, difficilement accessible à un traitement). C'est très certainement une réalité technique. Mais, selon que le psychiatre juge que telle personne se situe d'un côté ou de l'autre de la frontière *(border)*, cela se traduit concrètement par deux solutions radicalement différentes : s'il est très malade mais considéré comme responsable, il ira en prison, tandis que s'il est aussi malade mais considéré comme irresponsable, il sera traité en hôpital psychiatrique.

Car, tant qu'il ne s'agit pas de troubles psychiques ou neuro-psychiques dûment constatés par les experts, le juge d'instruction ne peut décider d'un non-lieu pour des raisons psychiatriques.

En cas de non-lieu, la personne est alors internée administrativement pour une durée indéterminée. C'est le préfet, sur l'avis des psychiatres, qui décide de l'éventuelle sortie du malade. De telles affaires ont parfois défrayé la chronique, comme ce philosophe qui avait tué sa femme dans un accès de démence et est sorti après un an d'hôpital psychiatrique, ou le Japonais Issei Sagawa qui avait découpé le cadavre de sa victime avant d'en manger quelques morceaux. Il fut renvoyé dans son pays après avoir été déclaré irresponsable en France.

On le voit, l'appréciation des experts est déterminante. S'ils le considèrent comme responsable malgré la présence de troubles importants, ils peuvent conduire les jurés à le condamner sévèrement, surtout s'ils le décrivent comme dangereux et difficilement réadaptable. Que les psychiatres précisent que l'accusé est « faiblement accessible à une sanction pénale » n'y changera rien. La loi elle-même entretient une forme d'hypocrisie. L'article 122-1 du Code pénal précise que si la personne était atteinte au moment des faits d'un trouble psychique ou neuropsychique ayant altéré son discernement ou entravé le contrôle de ses actes « la juridiction tient compte de cette circonstance lorsqu'elle détermine la peine et en fixe le régime ». Il s'agit là d'un vœu pieux, car aucun texte n'est venu compléter cet article en donnant, par exemple, une fourchette de réduction de peine. En réalité, quand le crime est particulièrement odieux, les maladies mentales sont regardées par le public comme « une excuse intolérable » et les jurés sont tentés de prononcer des verdicts d'élimination par des peines perpétuelles. L'acquittement de ces malades demanderait un certain courage. C'est ce qui a failli arriver à Stéphane Delabrière, jugé à Rouen en avril 1995 pour le meurtre de trois personnes dont un gardien de prison. Parmi une foule d'experts, certains le déclaraient atteint de psychose dissociative et même ceux qui le considéraient comme responsable admettaient que son état mental avait gravement altéré son discernement. En cas d'acquittement, il aurait été immédiatement placé par le préfet dans une unité pour malades difficiles (UMD) d'un hôpital psychiatrique. Le jury préféra lui infliger la réclusion criminelle à perpétuité. Deux mois plus tard, son attitude en prison conduisait l'administration pénitentiaire à ordonner son transfert provisoire en UMD. Cependant il retournera en prison, car ce n'est pas un malade mais un condamné. Comme bien d'autres, en prison, il aura pour tout traitement, outre l'isolement carcéral, la « camisole chimique », constituée par les multiples médicaments distribués chaque jour par l'infirmier de l'établissement.

Certains magistrats tentent d'améliorer une mécanique judiciaire trop rigide. Alain Dubreuil, président de la Cour d'Assises des Yvelines avait constaté que l'état psychique d'un jeune homme s'était amélioré lors de sa détention provisoire grâce à l'environnement particulier dont il bénéficiait à la maison d'arrêt. Cependant, sa condamnation entraînait son transfert dans un autre établissement. Aussi, après l'énoncé de la condamnation, le président a levé l'audience mais il a aussitôt donné lecture d'un texte par lequel la Cour et le jury réunis souhaitent que X... exécute la fin de sa peine dans la maison d'arrêt des Yvelines de telle manière que le juge d'application des peines prépare médicalement et matériellement sa libération. Juridiquement, ce « vœu » n'a aucune valeur. Mais, joint au dossier de l'intéressé, il a toutes les chances d'être pris en compte. D'autres magistrats ont suivi l'initiative volontiers utilisée par M. Dubreuil. Parmi eux, Marie-Agnès Mirguet, présidente de la Cour d'Assises de la Moselle a émis, avec les jurés, le vœu que Christian Giacchetto, débile mentale, effectue sa peine dans « un établissement dans lequel il puisse bénéficier de mesures éducatives appropriées que nécessite son état ». Giacchetto avait égorgé une petite fille de trois ans. Cependant, après une audience consternante, les jurés de la Moselle ont fait preuve de sagesse en lui accordant les circonstances atténuantes (en vigueur à l'époque) et l'ont condamné à vingt ans de réclusion criminelle. Mais Giacchetto, comme bien d'autres, avait-il sa place dans un box de Cour d'Assises ?

2. **Discussion sur le rôle des psychiatres.** — Cependant, il serait injuste de considérer que le psychiatre n'a qu'un rôle négatif. En dehors des cas où l'accusé se trouve aux limites de la folie, la constatation de troubles de la personnalité peut lui permettre de bénéficier de circonstances atténuantes dans une proportion variable selon son état. Le rôle de l'expert est donc particulièrement sensible, à une époque où personne ne cherche plus à nier l'incidence des maladies mentales sur la responsabilité d'un délinquant, *a fortiori* d'un criminel.

A l'audience, les experts, et plus particulièrement les psychologues qui ont un vocabulaire moins technique, pourront éclairer utilement les jurés sur certains comportements. Les avocats de la défense leur posent souvent de nombreuses questions destinées à montrer les failles de leurs clients afin d'utiliser les réponses du spécialiste lors des plaidoiries.

Ces réponses, venant d'une personne bénéficiant d'un

crédit incontestable et d'une impartialité apparente, jouent un rôle significatif sur l'appréciation des jurés.

Aussi, certains observateurs regrettent les conditions dans lesquelles se déroulent les expertises. D'une part, le psychiatre voit l'accusé parfois très longtemps après les faits, un ou deux ans plus tard. D'autre part, le plus fréquemment, il n'a que de courts entretiens avec lui (parfois quelques dizaines de minutes). Troisièmement, les experts n'ont parfois plus de pratique thérapeutique. En outre, et c'est là probablement la critique la plus grave, ils prennent connaissance du dossier de l'instruction avant de s'entretenir avec le mis en examen. Aussi peuvent-ils être influencés par les actes qui lui sont reprochés et ne pas évaluer la personne avec toute la neutralité bienveillante qu'un tel métier suppose.

Cette situation se traduit souvent à l'audience par des incidents avec les avocats de la défense, qui se montrent sceptiques sur les explications de l'expert, ou même avec l'accusé qui ne se reconnaît pas dans les descriptions que l'on fait de lui.

Il faut enfin préciser que l'expert n'a pas exactement le statut de témoin. Il peut assister aux débats avant que ne se situe son intervention.

La tâche de ces spécialistes est double : les psychiatres répondent sur l'état de santé mentale de l'inculpé et les psychologues réalisent un portrait médico-psychologique.

Par ailleurs, il faut noter le rôle parfois extrêmement important que peuvent jouer des psychiatres à l'audience. Dans certaines affaires délicates, notamment de parricide ou de sévices à enfants, il arrive que vienne, en qualité de témoin, le thérapeute de la petite victime ou de l'accusé.

Par exemple, lors du procès des parents du petit David en mai 1985, appelé dans la presse « l'enfant au placard», le témoignage du psychothérapeute eut un poids décisif sur les jurés. Il réussit à les convaincre, en se reportant aux propos mêmes de l'enfant, que le plus important pour celui-ci était qu'il retrouve ses parents et revive avec eux. Pourtant très impressionnés par les sévices infligés à David, les jurés n'ont prononcé que sept ans de réclusion à l'encontre de la mère, accusée de «privation de soins, violences et séquestration d'enfant».

Chapitre IV

L'EXAMEN DES FAITS REPROCHÉS

Après l'homme, le dossier. Les jurés et la Cour ont vu défiler en quelques instants, au mieux en plusieurs heures, la vie de l'accusé depuis les vicissitudes de son enfance jusqu'aux difficultés de l'âge adulte. Ils vont maintenant être placés devant la matérialité des faits : leur déroulement chronologique, la responsabilité de chaque auteur, les témoins oculaires ou indirects du crime, les instruments qui ont servi à le perpétrer et les enquêteurs qui ont tenté de le reconstituer.

Cette partie essentielle du procès est, le plus souvent, l'occasion d'une confrontation entre plusieurs versions des mêmes scènes que chacun, de l'avocat général à la défense, en passant par la partie civile, interprète à sa manière, voire déforme, pour les faire rentrer dans le schéma qu'il a pu se construire ou imaginer.

Les faits seront impitoyablement disséqués, point par point. On peut dire que se déroule ainsi une deuxième instruction à l'audience. Mais celle-ci est à l'image de la personnalité du président. S'il est dirigiste ou frileux, il laisse peu parler l'accusé. En revanche, s'il est un bon animateur ou un fin psychologue, il sera soucieux de favoriser sa parole et peut rendre extrêmement riche ce dialogue que doit être en principe un procès d'Assises.

Ainsi, devant la Cour d'Assises du Val-d'Oise, un procès de trois Maliens accusés d'avoir fait exciser une fillette de quelques mois a donné lieu en mai 1988 à des échanges particulièrement fructueux, grâce à l'attitude de la présidente, Mme Véronique Chéron. Il s'est engagé, au fil des questions qu'elle posait, une véritable discussion, entre l'interprète des Maliens qui développait le point de vue de sa culture et de sa société, le Pr Schwartzenberg venu attaquer avec fougue les mutilations sexuelles des enfants, et les associations, constituées partie civile, qui expliquaient avec nuances le respect qui devait être accordé au corps des enfants, « quelle que soit la couleur de leur peau ».

Le comportement des avocats – soit passifs lors de cette partie du procès de manière à réserver leurs effets pour la plaidoirie, soit acharnés à marquer des points à chaque moment – joue évidemment un rôle non moins important. Si les conseils des accusés sont actifs, ils rendent le procès plus vivant mais, surtout, ils apportent une réelle contradiction aux thèses de l'accusation.

C'est au regard de tous ces éléments que certains procès d'Assises laissent un intense sentiment de frustration, tant les débats ont été pauvres, tandis que d'autres permettent une nouvelle vision du crime plus subtile que celle dégagée à la lecture du dossier.

I. — L'interrogatoire

1. **L'accusé.** — De manière schématique, les accusés peuvent se diviser en trois types : coopératif, récalcitrant ou étranger à son propre procès.

A) *L'accusé coopératif.* — L'appareil judiciaire a une prédilection évidente pour l'accusé coopératif, celui qui joue le jeu, répond aux questions, essaie d'expliquer les raisons qui l'ont conduit à son geste. Il peut adopter cette attitude sur les conseils avisés de son avocat, mais il peut se comporter ainsi de façon spontanée tout simplement parce qu'il a parfaitement conscience de sa culpabilité.

Cependant, un tel accusé n'épouse pas pour autant la thèse de ceux qui l'accusent ou n'avoue pas n'importe quoi pour faire plaisir à la Cour. Il arrive même que l'on trouve ce type de comportement chez un accusé niant totalement les faits qui lui sont reprochés et dont le défenseur réclame l'acquittement. C'était, par exemple, le cas de Guy Mauvillain, lors de son deuxième procès, en 1985 devant la Cour d'Assises de la Gironde, qui s'expliqua dans les moindres détails et ne refusa aucune question : sobre, discret, respectueux, n'attaquant jamais la justice, il a convaincu de son innocence les jurés bordelais au bout de quatre jours d'audience alors que ceux de Charente, dix ans auparavant, l'avaient condamné à dix-huit ans de réclusion, au bout d'une journée d'audience et d'une demi-heure de délibéré.

Le public imagine souvent qu'un véritable innocent, outré par les accusations portées contre lui, doit se comporter de manière hystérique, en hurlant tout au long des débats qu'il n'est pas coupable. C'est mal connaître l'univers kafkaïen dans lequel l'accusé vit parfois depuis plusieurs années. Son entourage, composé d'avocats, de visiteurs de prisons, de codétenus, lui a prodigué une foule de conseils parfois contradictoires dont il tient compte à l'audience pour se forger une attitude généralement maladroite.

B) *L'accusé récalcitrant.* — Celui-là ne se prête pas au rôle que la justice voudrait le voir incarner. Il refuse, résiste, ne comprend pas ou ne veut pas comprendre. Certains se sont opposés à recevoir l'expert-psychiatre dans leurs cellules, d'autres s'abstiennent, à l'audience, de toutes indications sur leur enfance, d'autres encore se contentent de répéter : « Je ne répondrai pas à vos questions, de toutes façons, les jeux sont déjà faits.» Défaitistes ou révoltés, ils ont du mal à s'attirer dans ces conditions les faveurs de la Cour et des jurés.

Dans certains cas, une telle attitude dérape et il n'est pas rare que le président décide d'expulser un accusé devenu trop agité ou trop insultant. Mais il arrive aussi que ces accusés-là décident de quitter le prétoire ou cherchent un prétexte pour faire renvoyer le procès à une date ultérieure, estimant que la Cour a «de mauvaises dispositions» à leur égard ou que le contexte dans lequel se déroule l'audience pourrait influencer de manière négative les jurés. Ces comportements sont une source d'incidents qui seront examinés séparément (cf. chap. VII).

C) *L'accusé étranger à son procès.* — Enfin, on rencontre aussi des accusés qui, d'un bout à l'autre des débats, semblent totalement étrangers à leur propre procès. Ils ne savent vraiment pas ce qui leur est arrivé, ne comprennent pas du tout le sens de ce qui est en train de se jouer devant eux et, s'ils répondent, il est fréquent que leurs discours n'apportent guère de lumière à la Cour. Il en est ainsi quelquefois de certaines mères infanticides ou de personnes ayant commis des meurtres, sans mobile apparent. Ces cas-là posent la redoutable question de la responsabilité morale et psychique de l'accusé face aux faits qui lui sont reprochés et mettent en évidence la fragilité de la frontière entre la «folie» et la «normalité». Enfin, cette attitude s'observe également lors de procès concernant des personnes originaires d'un pays dont la culture n'a que peu de points communs avec la nôtre. Là encore, la tâche des jurés est particulièrement difficile.

Le procès de Pascal B... dont nous avons déjà parlé plus haut illustre fort bien ce type de comportement. Pendant les quatre jours qu'a duré son procès, ce jeune homme de vingt-huit ans, accusé de trois meurtres, est resté quasiment muet : pas une explication, pas une justification, ni une larme, ni un soupir, juste un air pensif et absent.

« Enfermé dans sa camisole intérieure », selon l'expression d'un des avocats de la partie civile, l'accusé était considéré par les psychiatres comme psychopathe ou caractériel. Sa responsabilité n'était donc, aux termes de la loi, nullement atténuée. Cette situation avait suscité ce commentaire de la part de la défense : « Il y a cent ans, un dénommé Bouvier, un autre tueur fou de l'Ardèche, avait tué un berger, une bergère et une fermière. Reconnu psychopathe, il avait été alors condamné à mort. Si on persiste à refuser de sonder les âmes de ces malades-là, parce qu'ils ne délirent pas et sont en apparence normaux, il y aura dans dix ans, dans vingt ans ou plus tard, de nouveaux Pascal B... et de nouvelles tueries incompréhensibles. »

2. **Les interventions des parties.** — Si les accusés peuvent se comporter fort différemment à l'audience, en revanche le rituel est quasiment immuable sur la façon de les interroger. Il s'engage, dans cette phase-là du procès, une véritable partie de bras de fer entre la défense et l'accusation. Arbitre de cette bataille, le président doit en éviter tous les pièges. Il ne lui est pas permis par exemple de montrer ses opinions personnelles ou de voler au secours de l'accusation si elle lui semble affaiblie par des remarques pertinentes de la défense.

Les présidents ne résistent pas toujours à cette tentation. Ainsi, certains ont l'« habileté », si un témoin à charge a été déstabilisé par la défense, de relire les accusations « plus claires » consignées dans les procès-verbaux des policiers. Dans le même but, il n'est pas rare que le président décide d'une suspension d'audience, aussitôt que l'avocat général a marqué des points décisifs, afin que ceux-ci restent bien fixés dans l'esprit des jurés.

Mais tous les magistrats qui dirigent des procès d'Assises ne sont pas si machiavéliques. La plupart d'entre eux essaient tout simplement de faire leur travail et de mener les débats de manière équitable.

A) *La Cour et les jurés.* — Au cours de cette phase des débats, les différentes parties peuvent poser des questions par l'intermédiaire du président. Dans la pratique, le représentant du ministère public, souvent, et les avocats, quelquefois, sont autorisés par le magistrat à interroger directement l'accusé et, le moment venu, les témoins. Toutefois, si la situation devient litigieuse ou complexe, le président peut à tout moment reprendre ses prérogatives et c'est par sa voix alors que les questions sont posées.

De la même manière, le président laisse ou non la possibilité aux jurés de poser directement leurs questions. Mais il est fréquent qu'il préfère ne pas leur permettre de s'exprimer directement, de peur qu'ils ne dévoilent leur opinion dans la formulation. Dans ce cas, c'est par le biais d'un petit papier que les jurés transmettent leurs questions. Si la défense constate qu'un membre du jury trahit sa pensée d'une quelconque manière, le président le remplace immédiatement.

B) *Les parties civiles.* — Victimes directes des faits reprochés à l'accusé ou parents de la victime quand celle-ci est décédée, les parties civiles, par l'intermédiaire de leurs avocats, sont à même d'intervenir. Si l'on excepte les cas où l'esprit de haine et de revanche est particulièrement manifeste, les parties civiles peuvent être celles qui sont le plus intéressées à la découverte de la vérité qui n'est d'ailleurs pas nécessairement la vérité judiciaire. Par exemple, les familles et proches de personnes assassinées, s'ils ont le courage d'être présents à l'audience, ce qu'ils ne sont pas tenus de faire, viennent parfois pour essayer de comprendre la raison de ce meurtre ou entendre des explications, voire des excuses. Ils veulent se confronter à leur deuil et cherchent des raisons logiques que, bien souvent, ils ne trouvent pas. Mais il arrive également que des parents de la victime viennent réclamer l'indulgence, comme les parents, fervents chrétiens, de cette jeune fille tuée par son fiancé, place du Trocadéro à Paris. Il est impossible, ici, de faire revivre l'intense émotion créée par cette attitude généreuse. Mais le pardon, exprimé en termes simples, des parents, prêts à accueillir chez eux le meurtrier de leur fille, a fait pleurer toute la salle. Personne, qu'il soit magistrat, juré, gendarme, journaliste ou avocat, n'a pu dissimuler ses larmes. Ce jour-là, la Cour d'Assises aussi a pardonné.

C) *Le ministère public.* — L'avocat général, représentant du ministère public, qui doit faire appliquer la loi au nom de la société, interroge, la plupart du temps, « à charge » : il met en évidence les contradictions de l'accusé, grossit ses traits les plus noirs, tente de le déstabiliser par l'habileté de ses questions. Il peut parfois obtenir ce que n'ont pas eu avant lui les policiers ou le juge d'instruction : des aveux partiels ou complets. Son rôle est déterminant dans la qualification des faits. Il peut ainsi faire planer l'idée d'une préméditation, alors que la personne n'est renvoyée que pour homicide volontaire et non pour assassinat. Même si les jurés ne se prononcent pas en droit, ils peuvent être légitimement influencés par l'idée d'un acte préparé à l'avance, alors que l'accusé invoque un meurtre commis dans la fortuité d'un instant.

A contrario, l'avocat général peut se prononcer pour une requalification des faits : un viol peut être redéfini comme attentat à la pudeur, ou un meurtre, en coups et blessures ayant entraîné la mort sans intention de la donner. Mais l'incidence sur la peine prononcée est loin d'être évidente car bien souvent le maximum de la condamnation pour une qualification moins grave peut coïncider avec le minimum d'une qualification plus lourde.

En tout cas, il doit être entendu chaque fois qu'un incident survient au cours de l'audience, depuis l'absence d'un juré, celle d'un témoin, l'opportunité d'un supplément d'information ou encore le renvoi de l'affaire à une audience ultérieure, en raison d'un fait nouveau.

D) *La défense.* — A chaque phase des débats, la défense prend la parole en dernier et doit souvent tenter de « remonter le courant » quand trop d'éléments défavorables se sont accumulés contre son client.

Généralement, la stratégie de l'avocat de la défense s'articule autour de plusieurs pôles. Il lui faut assurer ses arrières, c'est-à-dire observer une extrême vigilance à l'égard de tous les éléments ou incidents qui pourraient lui permettre d'obtenir la cassation de l'arrêt qui sera rendu contre la personne qu'il assiste. Par exemple, il doit bien vérifier que les témoins sont tenus à l'isolement, avant qu'ils ne viennent déposer à la barre, il doit ne pas oublier de faire constater que tel ou tel juré a pu manifester son opinion, etc. De tous ces faits et de bien d'autres, il devra se faire donner acte par le président, de manière à en garder une trace, si la Cour suprême doit être saisie.

Il doit, parallèlement, tenter de s'attirer la sympathie des jurés ou de partie d'entre eux et les convaincre de la version des faits qu'il va développer tout au long des débats.

Pour étayer sa thèse, il sera souvent obligé d'essayer

de mettre en difficulté les enquêteurs de police venant relater leur travail, soit en contestant leurs méthodes, soit en les faisant douter de leurs certitudes ou leur faisant avouer leurs préjugés contre l'accusé. Il pourra aussi « passer au gril » les dépositions des témoins oculaires, en leur faisant remarquer les différences, parfois de détail, entre ce qu'ils ont dit à la police, puis au juge, puis à la barre. Le conseil peut aussi, le moment opportun, interroger son propre client pour lui faire préciser tel ou tel aspect des faits.

Cette première partie du travail de l'avocat exige de lui une très grande concentration, un esprit de répartie particulièrement affûté et une capacité à troubler ses interlocuteurs par la pertinence et l'enchaînement de ses questions. Un travail tout en finesse et en nuances car il faut apparaître crédible vis-à-vis des jurés et ne pas indisposer les magistrats professionnels par un ton insolent ou déplaisant à l'égard de la police, par exemple. A ce stade donc, le rôle de l'avocat n'a rien à voir avec l'éloquence.

II. — Le défilé des témoins

Dans tout procès d'Assises, il y a obligatoirement des témoins, même si les faits ont été commis dans le plus complet isolement, à l'abri du regard de tous. Ceux qui sont toujours fidèles au rendez-vous sont les policiers-enquêteurs et les experts. Quant aux témoins des faits, ils peuvent l'être de plusieurs sortes : avoir vu directement se commettre le crime, en avoir aperçu un aspect ou posséder des éléments d'information sur des faits qui ont précédé le crime ou l'ont suivi.

1. **Les témoins oculaires.** — Moment décisif du procès, l'audition des témoins oculaires bute généralement sur deux problèmes.

A) *La présence des témoins.* — Lors de l'appel des témoins qui se fait en début d'audience avant la lecture de l'arrêt de renvoi, il n'est pas rare de constater de nombreuses défaillances. A cela, une première raison : les faits remontent souvent à plusieurs années et les personnes qui ont été entendues par le juge d'instruction ne sont pas toujours domiciliées aux mêmes adresses. Deuxième raison, ces mêmes citoyens peuvent ne pas avoir envie d'être mêlés à une affaire judiciaire, soit par peur, soit simplement par discrétion ou pour éviter une épreuve : car tous les témoins le disent, c'est une épreuve que de se retrouver devant la barre d'une Cour d'Assises. Et c'est aussi une performance que de ne pas perdre son sang-froid face aux questions qui fusent de tous côtés.

Dans le cas où trop de témoins sont absents, le problème est délicat. Car le principe de l'oralité des débats préside au fonctionnement d'une Cour d'Assises. Il ne suffit pas que les preuves de l'accusation soient dans le dossier que, sauf circonstances exceptionnelles, la Cour et les jurés ne consultent pas pendant leur délibéré, il faut que les témoins viennent renouveler leurs dépositions devant la Cour. Cette absence est à double tranchant pour la défense : soit elle peut considérer qu'elle affaiblit l'accusation puisque les témoins n'ont même pas eu « le courage » de venir répéter leurs dépositions à la barre, soit, au contraire, les avocats regrettent la défaillance de ces mêmes témoins, estimant qu'il leur aurait été plus profitable de démontrer devant la Cour les contradictions ou l'incohérence. Aussi, selon les circonstances, les conseils d'un accusé peuvent renoncer à l'audition des témoins ou déclarer ne pas passer outre. Dans ce dernier cas, le représentant du Parquet doit les faire rechercher.

B) *Un rôle capital mais fragile.* — Élément humain par définition, les témoins jouent un rôle non négligeable dans un procès d'Assises. Ce sont eux qui introduisent l'émotivité, qui rendent compte avec des mots accessibles pour les jurés de la réalité d'un drame. Ils sont donc écoutés avec attention. Et pourtant, de nombreuses affaires l'ont montré tout au long de notre histoire judiciaire, il n'y a rien de plus fragile qu'un témoignage humain. Cette fragilité tient à de multiples raisons. Tout d'abord des raisons objectives : les faits sont souvent lointains dans le temps, en moyenne, trois à quatre ans, et la mémoire de chacun n'est pas toujours fiable. Or, contrairement aux policiers qui peuvent se rafraîchir la mémoire en relisant leurs procès-verbaux, avant de venir déposer, les témoins, eux, ne savent plus forcément ce qu'ils avaient dit à la police ou au juge d'instruction. On assiste donc souvent à ces scènes pénibles où le président est obligé de rappeler mot après mot les dépositions faites devant les gendarmes ou le juge pour réveiller les souvenirs du témoin.

Ensuite, les témoins, quand ils sont interrogés par la police puis par le juge, s'inscrivent le plus fréquemment dans le schéma présenté par ceux-ci. Si bien que souvent la sélection qu'ils font de leurs souvenirs s'opère en fonction des questions des interlocuteurs. Aussi, les entend-on souvent dire à la barre d'autres choses que celles évoquées dans les procès-verbaux, tout simplement parce que, jusque-là, « on ne leur avait pas posé la question ». Sans compter également que chacun peut avoir des difficultés à trouver les mots de manière à exprimer correctement sa pensée. Les officiers de police judiciaire qui reprennent leur propre terminologie dans les procès-verbaux en arrivent parfois à dénaturer les propos réellement tenus.

Autre problème encore : chaque témoin n'a en général pu observer qu'une partie des faits. De bonne foi, il a parfois reconstitué mentalement une scène à laquelle il n'a pas assisté. Cet effort d'imagination ne coïncide pas toujours avec la vérité. Et, réflexe très compréhensible, ceux qui déposent ont du mal à reconnaître que ce qu'ils avaient laissé entendre mais dont ils n'étaient pas très sûrs n'est finalement pas vrai. Ils s'accrochent à leurs premières déclarations sans vouloir en démordre.

Enfin, quand ils viennent témoigner, la solennité des lieux, le décorum, le rituel peuvent évidemment faire impression sur eux et ne pas rendre aisée leur élocution. Il n'est pas rare que des témoins soient pris de défaillances pendant leurs dépositions : incapacité totale de répondre, voire évanouissement...

2. **Les experts.** — Toutes sortes d'experts peuvent défiler devant une Cour d'Assises. Ce sont des personnes qui, par leur savoir précis dans un domaine, ont été investies d'une mission par le juge d'instruction pour élucider tel ou tel aspect du crime.

A) *L'expert médico-légal.* — Dans les cas où une personne a été victime d'un meurtre, un médecin légiste est nommé pour examiner, après autopsie du cadavre, les causes médicales de cette mort. A la barre, il vient résumer son rapport (qu'il ne doit pas lire, mais peut consulter) et répondre aux questions des parties. Si la victime a été seulement blessée, le médecin doit apprécier les séquelles des blessures et déterminer les handicaps éventuels qu'elle subit.

B) *L'expert en balistique.* — L'expert en balistique, lui, est spécialiste des armes, douilles et munitions. Il est capable, en principe, de déterminer quel type d'arme a tiré tel ou tel type de balle. Il peut également apprécier les distances et les angles de tir et vérifier, lorsque l'on retrouve l'arme, si elle est bien celle qui a pu tirer.

C) *Les autres experts.* — Tout autre type de spécialiste peut ainsi venir à la barre. Pendant l'instruction du meurtre du petit Grégory dans les années 1985-1987, par exemple, les graphologues ont joué un rôle important puisque ce sont eux qui avaient pour rôle de tenter de découvrir qui pouvaient être les auteurs des lettres anonymes envoyées à la famille Villemin. A Poitiers, lors du procès en février 1988 de MM. Diallo et Archambault, deux médecins accusés d'homicide volontaire sur une patiente décédée à la suite d'une opération, ce sont les experts en anesthésie qui ont eu la vedette. En juin 1985, à Bordeaux dans le procès de Guy Mauvillain, les neurologues ont dû déterminer si des mots accusant M. Mauvillain, prononcés par la victime entre deux phases de coma, pouvaient faire office de preuve.

Généralement, les jurés sont convaincus de la « vérité » dégagée par ces experts parce que, au sein de cet affrontement entre la défense et l'accusation, il leur apparaît que ceux-là au moins sont neutres et impartiaux. Ils font confiance en leur savoir et sont rassurés par le côté scientifique, ou réputé tel, de leurs dépositions.

3. **Les pièces à conviction.** — Les pièces à conviction sont en principe toujours présentes dans l'enceinte de la Cour. Posées sur une table ou rangées dans une vitrine, elles peuvent faire l'objet d'une discussion ou d'une reconnaissance par l'un ou l'autre des témoins : arme ayant servi à tirer, carnet retrouvé non loin du crime ou toute autre pièce sont, au cours de l'instruction, saisis puis mis sous scellés.

Pendant les débats toutes les parties peuvent demander que ces scellés soient brisés, dans la salle d'audience. Les pièces sont alors montrées successivement aux jurés, à l'avocat général, aux conseils de la défense et à ceux de la partie civile.

Un expert manipulant bruyamment la culasse d'un fusil de gros calibre ou exhibant un blouson maculé de sang est un spectacle qui peut avoir, sur les jurés, un impact au moins aussi fort que le réquisitoire.

4. **La partie civile.** — La partie civile – la victime lorsqu'elle a survécu ou ses proches parents – prend la parole en dernier dans cette partie-là du procès. S'il s'agit de la victime elle-même, elle va raconter, sans prêter serment, ce qui lui est arrivé.

Une jeune femme narrant avec dignité le viol qu'elle a subi, des parents venant parler de leur fils disparu ou encore les rescapés des camps de concentration dans le procès de Klaus Barbie sont évidemment de nature à dégager une charge émotive, parfois bien supérieure à celle de n'importe quelle plaidoirie, aussi brillante soit-elle.

Le ton employé, les mots choisis, la traduction d'une souffrance encore actuelle : tout cela jouera dans la conviction que les jurés sont en train de se faire.

Si les débats judiciaires ont parfois tendance à donner une image abstraite du crime, le témoignage des victimes place les jurés face à la réalité des faits. Souvent, elles portent encore les marques physiques et psychologiques du drame qu'elles ont vécu et leur constatation aura une influence bien plus grande sur les juges que la froide énumération des traumatismes effectuée auparavant par un expert.

Il arrive que le blessé, rendu infirme, dépose depuis une chaise roulante ou même allongé sur une civière. D'autres témoignages, moins spectaculaires, sont tout aussi insupportables. En novembre 1987, à Poitiers, un syndic a raconté comment un commerçant avait tiré sur lui en pleine audience du tribunal de commerce, l'atteignant au visage et à la gorge ; son récit, haché par des difficultés respiratoires, s'est effectué avec une voix au timbre irréel. Plus discrètes, les séquelles psychologiques ne sont pas moins graves et c'est surtout vrai pour les femmes violées, contraintes de décrire les circonstances d'une scène qu'elles voudraient oublier. Le président, même s'il se comporte avec la plus grande courtoisie, ne peut éviter une épreuve nécessaire à la manifestation de la vérité. Dans certains cas, si le huis clos n'a pas été prononcé, le magistrat invite la victime à venir jusqu'à lui afin que les phrases les plus difficiles à exprimer ne soient pas entendues dans les rangs du public. Pour conserver le caractère contradictoire de l'audience, le conseil de la partie civile, l'avocat de la défense et l'avocat général se sont aussi approchés.

C'est aussi le moment où l'accusé et la victime sont face à face. Toutes les réactions sont possibles, même celle qui consiste, pour l'otage, à tout faire pour atténuer la responsabilité de celui qui l'a séquestré (syndrome de Stockholm).

Pour la défense, la déposition de la partie civile constitue l'une des phases les plus difficiles des débats. Les avocats restent généralement en retrait, renonçant à tout interrogatoire. S'ils prennent le risque de poser une question, ce sera avec le maximum de tact, car la moindre parole malheureuse à cet instant peut avoir une incidence irréversible. Il est pourtant parfois nécessaire que la défense fasse apparaître certaines contradictions et l'art de l'avocat sera de formuler ses questions de manière à ne pas faire le procès de la victime.

Chapitre V

LES EXPLICATIONS DES PARTIES

La dernière partie de tout procès d'Assises se déroule en trois temps, toujours identiques. La parole est d'abord aux avocats de la partie civile. Elle est ensuite donnée au représentant du ministère public, l'avocat général. Les conseils de la défense s'expliquent en dernier. Enfin, il revient à l'accusé, s'il le souhaite, de prendre la parole avant que la Cour et les jurés ne se retirent pour délibérer.

I. — Les parties civiles

Les règles de constitution d'une partie civile, devant la Cour d'Assises, n'ont pas été définies par le Code de procédure pénale. Par analogie avec les principes généraux qui prévalent devant un tribunal correctionnel, on peut dire qu'une partie civile peut se constituer à tout moment de l'instruction ou des débats, c'est-à-dire jusqu'à ce que le président annonce que la Cour et le jury vont se retirer pour délibérer (cf. Chapar, p. 213 de la 4e éd.).

1. **Son rôle: obtenir la réparation du préjudice causé.** — Jusqu'à ce moment-là du procès, la ou les victimes ou leurs familles n'ont eu que peu d'occasions de s'exprimer car la procédure ne leur accorde pas une très

grande place au cours de l'audience. La plaidoirie de leur avocat revêt donc une importance particulière car si le ministère public a en charge la défense de la société, la partie civile, elle, n'est là, en principe, que pour obtenir réparation du préjudice causé. Dans ce but, les conseils des parties civiles développent totalement ou partiellement les thèses de l'accusation mais, dans certains cas, sont contraints d'assurer une véritable défense. En effet, il arrive fréquemment que des accusés mettent en cause les victimes afin de minimiser leurs actes. Ceci est particulièrement vrai en matière de viol et dans certains meurtres, résultant d'une rixe.

2. **Évolution.** — Il y a encore une dizaine d'années les conseils des parties civiles plaidaient de manière fort discrète en se contentant de quelques phrases, comme si les avocats étaient mal à l'aise dans un rôle jugé trop proche de celui du ministère public. Certains membres du barreau d'ailleurs se vantent de ne jamais accepter aucune affaire de ce côté de la barre, en l'interprétant comme une véritable trahison.

Cette conception étroite de la mission de l'avocat de la victime a tellement évolué qu'à l'heure actuelle la plaidoirie de la partie civile peut constituer un réquisitoire bien plus féroce que celui de l'accusation : quelques défenseurs vont jusqu'à demander une peine précise. La décision des jurés sera souvent plus influencée par une plaidoirie de ce type que par les propos de l'avocat général qui est le représentant de l'accusation et donc soupçonné par les jurés de partialité. De surcroît, il semble que le talent et l'éloquence soient des vertus plus répandues au Barreau qu'au Parquet...

3. **Qui peut être partie civile ?** — Le plus souvent, il s'agira des victimes directes ou de leurs familles, si ces victimes n'ont pas survécu. Mais l'on peut trouver

aussi, aux côtés d'un policier blessé ou de sa famille, s'il a été tué, l'agent judiciaire du Trésor qui demandera réparation au nom de l'État. En tout cas, ne peut être partie civile que celui ou celle qui, du fait d'une infraction, a subi un préjudice personnel et direct, qu'il soit matériel ou moral.

En théorie, c'est celui qui a personnellement souffert du dommage qui est autorisé à se constituer partie civile. Mais en cas de décès de celui-ci, les ascendants, descendants, frères et sœurs, mais aussi l'époux, même en instance de divorce, la personne qui a élevé la victime, sa fiancée, sa concubine peuvent également le faire.

Il en est autrement pour les associations et syndicats. Ces derniers, qui peuvent agir en justice depuis 1884, ne peuvent pas le faire pour défendre les intérêts personnels d'un de leurs membres. Ils sont habilités seulement à assurer la défense des intérêts collectifs de la profession.

Autre restriction à la possibilité de se constituer partie civile pour les syndicats : le préjudice qu'ils invoquent doit être distinct du trouble à l'ordre public dont la poursuite est réservée au Parquet (Chapar, p. 210-211, 4e éd.).

Ainsi, a été déclaré irrecevable un syndicat de policiers dont un des adhérents a été assassiné. De même, ne peut être admis partie civile un syndicat de chauffeurs de taxi dont l'un des adhérents a été victime de vols avec violence.

Les associations sont aussi habilitées à agir depuis 1913. Mais ce n'est réellement qu'à partir de 1980 que leur action a été étendue dans certaines conditions prévues par les articles 2-1 à 2-7 du Code de procédure pénale.

Au cours du procès du couple de Maliens qui avaient fait exciser leur petite fille, à Pontoise en mai 1988, dont nous avons parlé plus haut, quatre associations s'étaient constituées parties civiles: le Mouvement français pour le planning familial, SOS-Femmes alternatives, le Groupe pour l'abolition des utilations sexuelles (GAMS) et «Enfance et Partage». Seule, cette dernière qui se présentait au nom de la défense du droit des enfants a été jugée recevable. La troisième a été refusée parce qu'elle n'avait pas cinq ans d'existence au moment des faits. Les deux premières ont été également rejetées parce que l'objet de leur activité ne correspondait pas précisément aux faits incriminés.

Le procès de Klaus Barbie en mai-juin 1987 à Lyon est une bonne illustration de ce droit des associations puisqu'en face de l'ancien chef de la Gestapo de Lyon se trouvaient pêle-mêle des victimes individuelles et des associations d'anciens combattants, de juifs, de déportés ou tout simplement de défense des droits de l'homme. Il y en eut 39 en tout.

La recevabilité des associations si elle a été acceptée par le juge d'instruction peut être à nouveau contestée par la défense, lors des débats. La Cour et la Cour seule statue sur ce type d'incidents, en rendant un arrêt distinct du verdict et qui peut se situer à tout moment de l'audience, jusqu'à la clôture des débats.

Ainsi, il est possible que la Cour déclare irrecevable une partie civile dont l'avocat a déjà plaidé. On retrouve ici à nouveau un certain formalisme car les jurés ne vont pas pour autant chasser de leur esprit les propos contenus dans ces plaidoiries.

II. — **Le réquisitoire**

Temps fort du procès en Cour d'Assises, le réquisitoire est le moment où le ministère public dévoile la peine qu'il souhaite voir infligée à l'accusé mais seulement après avoir dressé la liste des charges qui pèsent sur lui.

En règle générale, le magistrat commence par un rappel des faits, puis s'appuyant sur certains éléments du dossier et surtout, en principe, sur les débats, il va tenter d'étayer l'accusation pour convaincre le jury de répondre « oui » à la question relative à la culpabilité. Ensuite, selon son appréciation, il invitera les jurés à refuser ou accorder les circonstances atténuantes. Enfin, il réclamera une certaine peine, qu'il peut chiffrer précisément ou laisser à l'appréciation de la Cour, à l'intérieur d'une « fourchette ». Il peut dire, par exemple : « Je requiers une peine qui se situe entre huit et dix ans de réclusion. » Toutefois, si un doute sérieux est apparu au cours des débats, l'avocat général a la faculté de proposer l'acquittement. C'est ce qui s'est passé en décembre 1992 devant la Cour d'Assises de l'Isère. L'avocat général Michel Legrand a abandonné l'accusation devant les contradictions et les faiblesses des témoignages et Richard Roman a été acquitté. Plus récemment, un autre avocat général a lui aussi préconisé l'acquittement « pour faute de preuves matérielles » mais il n'a pas été suivi par les jurés de la Cour d'Assises du Nord qui ont quand même condamné l'accusé à quinze ans de réclusion criminelle. Cette attitude, assez rare, est nettement plus courageuse que celle adoptée par beaucoup de magistrats qui se contentent de s'en remettre à la sagesse des jurés. Ce qui peut donner des résultats incohérents car ces derniers, plutôt que de trancher entre la culpabilité et l'innocence, décident parfois d'une peine intermédiaire, injuste si l'accusé est innocent et trop faible s'il est vraiment coupable.

Sur ce schéma, chaque magistrat brode selon sa personnalité. Certains sont grandiloquents et usent largement des effets de manche et des éclats de voix. D'autres susurrent de manière cinglante ou lisent un texte préparé à l'avance sur un ton monocorde. Ce dernier cas est fort rare. Beaucoup sont brillants et quelques-uns ont laissé leur nom *au* côté d'affaires illustres.

En droit, aucune limite ne leur est imposée et les avocats généraux peuvent s'exprimer comme ils l'entendent sans craindre un incident de procédure ou une poursuite en diffamation. Certains ne s'en privent pas et s'adressent à l'accusé en termes parfois insultants. Cette attitude, très prisée du public à une époque encore récente, tend à disparaître au profit d'un réquisitoire mesuré, jugé plus crédible. Mais, aujourd'hui encore, certains magistrats s'expriment volontiers avec une violence et un mépris mal contenus.

Quelques exemples : tel accusé « mérite la schlague ou le fouet » (un avocat général parisien). Un autre – médecin – est « un grand seigneur attardé sur sa féodalité, obsédé par sa volonté de puissance » (un avocat général à Poitiers). « Je vous dis tout mon mépris, vous êtes pires qu'un truand, vous êtes un monstre. Il n'est pas facile d'être pauvre, en plus, vous êtes moche » (un avocat général à Paris).

III. — **La défense**

Dernier acte du théâtre judiciaire, la plaidoirie de la défense constitue l'ultime chance de l'accusé. Avec le réquisitoire, c'est la partie du procès la mieux connue du public, en raison notamment des noms célèbres qui y sont associés.

Comme le représentant du ministère public, l'avocat a pour tâche de convaincre et il lui suffit de persuader cinq jurés pour avoir gain de cause (cf. chap. VI sur le délibéré).

Mais leur liberté de parole est moins grande que celle des magistrats. En effet, si les droits de la défense sont sans cesse réaffirmés, force est de constater que la jurisprudence se montre plus sévère envers la défense qu'avec les avocats généraux. M. Fernand Chapar ne cite aucune décision limitant les pouvoirs de l'avocat général alors que l'immunité du défenseur est loin d'être totale. Le président a notamment la faculté de le rappeler à l'ordre s'il ne respecte pas les règles déontologiques et peut, selon l'article 309 du CPP, « rejeter tout ce qui tendrait à compromettre la dignité des débats ou à les prolonger sans donner lieu d'espérer plus de certitude dans les résultats ». Toutefois, ce genre d'intervention reste rare. Et leur temps de parole n'est généralement pas limité.

Un même accusé peut être défendu par plusieurs avocats qui se répartiront la tâche, comme ils l'entendent. Habituellement, le premier sera chargé de contester point par point les arguments de l'accusation. Il arrive que ce soit un jeune membre du Barreau qui fasse ses premières armes. Dans les affaires importantes, les défenseurs laissent la parole en dernier à celui d'entre eux jugé le plus talentueux ou le plus efficace. Son rôle sera de conclure à l'acquittement ou de réclamer l'indulgence en reprenant uniquement les points forts de la défense. Beaucoup de ces « ténors » sont particulièrement brillants, mais les mérites littéraires du défenseur ne correspondent pas toujours à l'efficacité, surtout depuis que les jurés ne sont plus des « notables » et donc pas nécessairement sensibles à un style brillant, emphatique, entrecoupé de citations sophistiquées ou ponctuées de rappels historiques complexes.

Le plus souvent, la défense, dont les différents membres n'agissent pas toujours de manière concertée, adopte une stratégie en fonction de l'accusé, du dossier mais aussi des catégories socioprofessionnelles des jurés. Il arrive qu'ils avouent plaider pour seulement un ou deux membres du jury qu'ils estiment plus réceptifs et qu'ils ne cessent de regarder pendant toute la plaidoirie.

Enfin, le président donne la parole à l'accusé qui a le droit absolu d'ajouter quelques mots pour sa défense. Quelquefois, celui-ci formule quelques excuses plates et maladroites ou récite, de manière peu convaincante, des propos écrits par son avocat, ou se lance dans de longues tirades : par exemple, les membres d'Action directe, lors de leurs procès en 1987-1988, ont utilisé la Cour comme tribune politique.

Cependant, cela peut être parfois un temps fort du procès. Klaus Barbie, le 2 juillet 1987, qui avait refusé de s'exprimer tout au long de son procès puisqu'il n'y avait pratiquement pas assisté, avait dit d'une voix lente et un peu sourde : « Je n'ai pas commis la rafle d'Izieu. Je n'ai jamais eu le pouvoir de décider des déportations. J'ai combattu la Résistance, que je respecte, avec dureté. Mais c'était la guerre. Et aujourd'hui, la guerre c'est fini. » Cette déclaration avait provoqué de vifs remous dans la salle car Klaus Barbie, qui prétendait s'appeler Klaus Altmann, de son nom d'exil, en Bolivie, prenait pour la première fois la parole en français. Jusque-là, il ne s'était exprimé qu'en allemand, avec l'aide d'une interprète.

Autre exemple : le 18 janvier 1986, Roger Knobelspiess, accusé d'un hold-up qu'il a toujours nié, s'était écrié, la voix entrecoupée de sanglots, juste avant que les jurés ne se retirent pour délibérer : « Je suis innocent, je voudrais pouvoir revoir ma mère et lui apporter des croissants tous les matins. » Un juré s'était mis à pleurer. Quelques heures plus tard, sans qu'on puisse naturellement préjuger de l'impact de ce dernier épisode du procès, Roger Knobelspiess était acquitté.

Cet enchaînement des trois parties – partie civile, réquisitoire, défense – est identique dans tous les procès.

Toutefois, la réplique est permise à la partie civile et au ministère public, mais l'accusé ou son conseil ont toujours la parole en dernier (art. 346 du CPP). Dans la pratique, cette situation est tout à fait exceptionnelle.

Devant la Cour d'Assises du Nord qui jugeait en décembre 1985 Roger Toutin, accusé du meurtre de deux hommes dans une boîte de nuit, l'avocat général, Gérard Blandin, avait usé de son droit de réplique. Il avait en effet estimé que « la défense avait égaré la Cour avec des subterfuges, des mensonges, des témoins de dernière minute, des pantalonnades et des bouffonneries ». Ce discours avait considérablement agacé l'avocat de l'accusé qui, en guise de représailles, avait tenu une deuxième plaidoirie, tout aussi longue que la première. Ce faisant, il avait tenté aussi d'effacer auprès des jurés les critiques formulées à son encontre, destinées essentiellement à le discréditer.

Chapitre VI

LE DÉLIBÉRÉ ET LE VERDICT

Une fois les débats terminés, le président lit le texte suivant à la Cour: «La loi ne demande pas compte aux juges des moyens par lesquels ils se sont convaincus, elle ne leur prescrit pas de règles desquelles ils doivent faire particulièrement dépendre la plénitude et la suffisance d'une preuve; elle leur prescrit de s'interroger eux-mêmes, dans le silence et le recueillement, et de chercher, dans la sincérité de leur conscience, quelle impression ont faite, sur leur raison, les preuves rapportées contre l'accusé et les moyens de sa défense. La loi ne leur fait que cette seule question, qui renferme toute la mesure de leurs devoirs: "Avez-vous une intime conviction?"» (cf. art. 354 CPP).

Le président, les deux assesseurs et les neuf jurés se lèvent alors et quittent la salle d'audience pour rejoindre celle des délibérés. Ils vont maintenant se prononcer sur la culpabilité ou l'innocence des accusés puis, s'il y a lieu, fixer le montant des peines infligées.

I. — Les lieux et le matériel

1. **Les lieux.** — Les douze «juges» s'enferment dans la salle des délibérés. Les issues en sont protégées par des gardes qui doivent veiller à ce que nul n'y pénètre. Aucun membre de la Cour d'Assises ne

peut de son côté sortir de la salle, avant que la décision n'ait été prise.

La discussion n'est pas limitée dans le temps. Sa durée varie habituellement entre une demi-heure et six ou sept heures. On peut apporter aux membres du jury sandwichs, boissons et, si cela s'avérait nécessaire, des couvertures afin qu'ils puissent prendre quelque repos. Mais, en aucun cas, les membres de la Cour ne peuvent revenir chez eux avant d'avoir rendu leur verdict.

Aux États-Unis, pendant toute la durée d'un procès, les jurés ne rentrent pas à leur domicile. Ils sont logés dans un hôtel proche du Palais de justice. Ainsi, ils sont mieux protégés de toute influence – famille, télévision, journaux, etc. – qui pourrait peser sur leur jugement.

2. **Le matériel.**

A) *L'arrêt de renvoi.* — Comme nous l'avons vu, l'arrêt de la chambre d'accusation est la pièce de procédure qui renvoie l'accusé devant la Cour d'Assises. Cet arrêt, lu intégralement au début de l'audience, relate les circonstances de l'affaire, résume les charges qui pèsent sur l'accusé et qualifie juridiquement les faits reprochés. Ce document n'est souvent que la reproduction du réquisitoire définitif rédigé par le Parquet général et comme tel, il est résolument à charge. Même si la culpabilité de l'accusé n'est pas contestée, on constate, à la lumière des débats, que l'arrêt de renvoi comporte une foule d'erreurs en présentant comme établis des faits qui ont été abondamment discutés à l'audience. C'est pourtant le seul élément du dossier que la Cour et le jury emmèneront dans la salle de délibération. Il semble cependant que cette disposition, prévue par la loi, soit purement formelle car les présidents de Cour d'Assises ne cachent pas qu'ils ne s'en servent jamais.

B) *La liste des questions.* — Les douze personnes qui vont prendre la décision ont, comme base de travail, une liste de questions. Rédigées par le président, ces questions résultent des qualifications juridiques figurant à la fin de l'arrêt de renvoi. Cependant, le magistrat peut, soit de son propre chef, soit à la demande des parties, ajouter des questions dont les débats ont fait apparaître la nécessité. Ainsi, le président a le pouvoir d'ajouter des questions qui peuvent notamment avoir pour but de requalifier certains faits. Par exemple, il peut demander subsidiairement si l'accusé est coupable de coups et blessures ayant entraîné la mort sans intention de la donner, alors que celui-ci était renvoyé devant la Cour pour homicide volontaire. Les deux questions sont posées successivement. Évidemment, si l'homicide volontaire recueille la majorité des suffrages, la question subsidiaire devient sans objet.

Le président est tenu d'informer les parties de ces questions supplémentaires et de les lire à l'audience.

Dans tous les cas, le libellé des questions auxquelles devront répondre les membres de la Cour se doit d'être simple afin d'éviter des réponses contradictoires.

C) *Les pièces de la procédure.* — S'agissant d'une procédure orale, la Cour ne dispose pas du dossier d'instruction lors de la délibération. Les douze juges n'ont que le droit d'emporter leurs notes prises au cours des débats et l'arrêt de renvoi. Cependant, la loi prévoit (CPP, art. 347) que le président, les assesseurs ou les jurés peuvent demander à voir une pièce du dossier. Dans ce cas, extrêmement rare, le dossier est amené par le greffier dans la salle de délibération mais il ne peut être ouvert qu'avec la présence silencieuse du ministère public, des avocats de la défense et de ceux de la partie civile. Une fois le document consulté, les parties et le dossier ressortent de la salle et la discussion reprend normalement.

II. — La méthode

1. **Le vote à bulletins secrets.** — La délibération commence par une première partie qui n'est pas encadrée par la loi. C'est une discussion libre gérée, selon sa personnalité, par le président. Généralement, le magistrat fait un tour de table en invitant chacun à donner son opinion. Puis, le débat s'installe. En tout cas, les jurés doivent se souvenir que dès leur entrée dans la salle de délibération, ils disposent d'autant de pouvoir que les magistrats professionnels. En condamnant un juré à une peine d'amende pour avoir violé le secret des délibérations, le tribunal de Paris a répondu à ce juré qui avait dénoncé l'absence de vote dans un article envoyé à un journal, qu'il lui appartenait «en tant que magistrat» d'exiger le respect des formes prévues par la loi.

Chaque phase du délibéré est donc ponctuée de votes sur des bulletins qui sont remplis par les douze juges. Chacun le rédige secrètement de manière à ce que ses voisins ne puissent pas voir sa réponse. Les bulletins relatifs à la première question comportent la formule : «Sur mon honneur et en ma conscience, ma déclaration est... oui (culpabilité) ou non (innocence).» Ces bulletins sont ensuite déposés dans une urne et dépouillés par le président, en présence et sous la surveillance de tous les membres du jury. Les votes blancs ou nuls sont considérés comme favorables à l'accusé. Après chaque scrutin, les bulletins sont brûlés.

2. **Des votes successifs.** — Ce procédé est répété autant de fois que le nécessite le nombre des questions, sur la culpabilité relative à chacun des accusés, à chacun des faits et sur les circonstances aggravantes, le cas échéant. Les circonstances atténuantes ont été suppri-

mées par la loi du 16 décembre 1992 entrée en vigueur le 1er mars 1994. Elles étaient mal comprises par le public et le refus de ces circonstances avait pour effet d'entraîner l'application automatique de la peine maximum.

3. **La majorité.** — La décision est prise à la majorité de huit voix au moins sur douze lorsqu'il s'agit d'une décision défavorable à l'accusé (art. 359 du CPP). S'il ne se trouve que sept voix contre l'accusé et donc cinq voix pour, la réponse est considérée comme favorable à l'accusé.

Le législateur a voulu ainsi accorder une prépondérance à la voix des jurés sur celle des magistrats professionnels : si une majorité des jurés (5 sur 9) est favorable à l'acquittement d'un accusé et même si simplement sont réunis cinq bulletins nuls, l'accusé est effectivement acquitté. En d'autres termes, dans ce groupe de douze personnes, le poids de cinq jurés donc non-magistrats professionnels est suffisant pour entraîner un acquittement.

4. **Le quantum de la peine.** — Enfin, la Cour va se pencher, s'il y a lieu, sur le quantum de la peine. Celui-ci est voté à la majorité simple, soit sept voix sur douze et les magistrats professionnels retrouvent donc, à ce moment, une partie de leur pouvoir. Cependant, pour compenser la suppression des circonstances atténuantes, la peine maximum encourue doit être prononcée par au moins huit voix comme pour la culpabilité. En outre et dans le même esprit, si cette majorité n'a pas été obtenue, la Cour ne pourra infliger une peine supérieure :

— à trente ans de réclusion criminelle si la peine encourue est la réclusion perpétuelle ;

— à vingt ans de réclusion criminelle si la peine encourue est de trente ans de réclusion criminelle.

Chacun propose une peine en l'inscrivant sur son bulletin de vote. Si, au premier tour, une peine n'a pas recueilli sept voix, un deuxième tour est organisé. Si la même situation se présente, on procède à un troisième tour en écartant la plus forte des peines proposées aux deux premiers tours. Et ainsi de suite jusqu'à ce qu'une peine recueille sept voix. Toutefois, le Nouveau Code pénal a conservé dans son article 132-18 les dispositions minimales antérieures et la Cour ne peut descendre en dessous de deux ans d'emprisonnement si la réclusion perpétuelle est encourue ou à un an d'emprisonnement dans les autres cas de peines criminelles. Les peines d'emprisonnement peuvent désormais atteindre un maximum de dix ans et la Cour peut voter pour décider s'il y a lieu d'appliquer le sursis total ou partiel, mais seulement si la peine prononcée est égale ou inférieure à cinq ans de prison. Enfin, le jury délibère sur l'éventuelle application d'une période de sûreté (voir *infra*, chap. X).

5. **Les défaillances.** — Si, au cours du délibéré, comme pendant les débats, un juré ou un magistrat connaît une défaillance (évanouissement, maladie soudaine, refus de siéger) et se trouve dans l'impossibilité de continuer à participer à la discussion, il est immédiatement remplacé.

Pour parer à une telle situation, le président, qui dès le premier jour de l'audience, prévoit ce cas de figure en s'adjoignant un, deux ou trois jurés supplémentaires, peut alors recourir à ces derniers. Il en est de même pour les assesseurs. Tous ces suppléants ont assisté à la totalité des débats et doivent rester à la disposition de la Cour jusqu'au prononcé de l'arrêt.

III. — Le verdict : lecture et réactions

Dès que le jury a fini de répondre à toutes les questions, le juré qui a été le premier tiré au sort signe la feuille de questions avec le président. Puis, l'arrêt est rédigé par les trois magistrats professionnels au vu des réponses fournies par les douze juges. Ces réponses et la référence aux articles du Code pénal appliqués sont les seuls supports d'une décision qui n'est pas motivée. La rédaction de l'arrêt est soumise à des règles de forme extrêmement rigoureuses qui doivent être scrupuleusement respectées car l'erreur la plus insignifiante peut entraîner la cassation.

Lors de la lecture de l'arrêt, le président peut, si l'accusé refuse de comparaître, exiger sa présence et ordonner qu'il soit amené par la force publique dans les mêmes conditions que pendant les débats. Cependant, en cas d'impossibilité majeure, l'arrêt peut être rendu en l'absence de l'accusé. Ainsi, le 26 février 1991, Simone Weber, victime d'un malaise, a appris sur son lit d'hôpital que la Cour d'Assises venait de la condamner à vingt ans de réclusion criminelle pour avoir tué son amant, Bernard Hettier en 1985. On lui apprenait aussi qu'elle était acquittée de l'assassinat de son époux Marcel Fixard mystérieusement décédé en 1980.

La lecture du verdict est incontestablement le moment le plus important d'un procès d'Assises. Les débats ont souvent été longs et parfois la délibération a duré plusieurs heures. Pendant cette attente, les avocats, l'avocat général, les témoins, le public et les journalistes tentent de prévoir la décision des jurés en interprétant l'incidence de chaque moment des débats. Si les délibérations se prolongent, les « habitués » en déduisent une conséquence positive ou négative selon le cas ou les habitudes du président. Ces supputations s'avèrent parfois exactes mais généralement le compor-

tement des jurés reste imprévisible et la réputation du président dont l'influence est considérable demeure le meilleur indicateur.

A l'entrée des jurés, chacun tente de voir sur leurs visages ou dans leurs regards un signe qui dévoile le sens de leur réponse. « Accusé, levez-vous ! » La phrase a fait son chemin, démontrant le caractère crucial des instants précédant le verdict. « A la question sur la culpabilité..., il a été répondu... » Si la réponse est non, chacun comprend que c'est l'acquittement. Mais généralement, comme s'il doutait encore, le public attend que le mot magique soit prononcé pour manifester ses sentiments. Si la réponse est oui, c'est sur la peine que se porte un nouveau suspense.

Il est étonnant de voir à quel point le condamné reste généralement impassible. Et il ne s'agit pas là d'un signe de culpabilité objective. L'expérience montre que même des accusés ultérieurement reconnus innocents avaient accueilli leur condamnation sans réagir, brisés par la mécanique judiciaire. La réaction du public est plus spontanée. Applaudissements, cris étouffés, pleurs, phrases d'insultes, le comportement de la salle peut même parfois être violent. Mais c'est la situation des proches de l'accusé qui est la plus pénible. Innocents, ils se trouvent cependant indirectement sanctionnés par la condamnation de leur père, de leur époux, de leur fils. En juin 1986, à Paris, la condamnation d'un vigile à huit ans de réclusion criminelle avait été immédiatement suivie de cris de haine et de désespoir : la mère s'était mise à hurler pendant que le père s'avançait résolument vers les magistrats. Il avait fallu près de dix gendarmes pour le maîtriser et l'empêcher de frapper les juges.

Les familles des victimes sont placées à la même enseigne. Convaincue depuis des années de la culpabilité de Richard Roman, encouragée dans cette conviction par la presse et par ses avocats, la famille de la petite Céline Jourdan, assassinée le 26 juillet 1988, n'a pas accepté l'acquittement prononcé en décembre 1992 par la Cour d'Assises de l'Isère. L'audience avait pourtant fait apparaître que l'instruction avait été menée de manière partiale sous la pression des médias. Mais le verdict fut suivi par une longue série de cris de protestations pendant que sur le parvis, les oncles de la petite victime brûlaient leurs cartes d'identité devant les caméras de télévision. A Reims en février 1989, la salle a longuement applaudi l'acquittement d'une boulangère qui avait tué un jeune immigré de vingt-trois ans, membre d'un groupe qui lui volait des croissants. Pendant ce temps, les CRS expulsaient brutalement la famille du jeune homme qui avait osé protester.

IV. — Les conséquences d'un arrêt d'acquittement

Si l'accusé est acquitté, il est immédiatement remis en liberté, à moins qu'il ne soit détenu pour une autre cause. En réalité cette mise en liberté n'est pas instantanée. L'acquitté doit auparavant être ramené à son lieu de détention pour satisfaire aux formalités administratives de levée d'écrou. Et c'est de la prison qu'il sortira, libre. En tout cas, une personne acquittée légalement ne peut plus être reprise ou accusée des mêmes faits, mêmc sous une qualification différente (art. 368 du CPP).

Cela signifie que, même s'il apparaissait ensuite que sa culpabilité est certaine, cette personne ne pourra plus être poursuivie. L'application de ce principe peut parfois choquer la morale. Mais c'est notamment sur le caractère irrévocable de ses décisions que repose le crédit de la justice. En outre, il s'agit là d'une notion conforme aux droits de l'homme: chacun devant savoir qu'il ne peut à nouveau être inquiété après avoir été jugé légalement.

Cependant, la jurisprudence prévoit certaines exceptions. Ainsi, une personne d'abord condamnée pour le délit d'homicide involontaire pourra être ensuite poursuivie à nouveau s'il s'avère qu'elle a agi intentionnellement. En outre, l'émotion soulevée par le nombre élevé de victimes conduit à oublier les grands principes du droit et certains estiment que cet élément intentionnel ne serait pas nécessaire pour engager des poursuites criminelles. Ainsi, dans l'affaire du sang contaminé par le virus du SIDA, le Dr Michel Garretta a été mis en examen pour empoisonnement bien qu'il ait déjà été condamné pour les mêmes faits à quatre ans de prison.

V. — La victime

1. **L'audience civile.** — Une fois l'audience pénale levée, l'audience civile commence. Dans certaines circonstances, le président peut toutefois renvoyer cette audience à une session ultérieure.

La Cour qui n'est plus composée que des trois magistrats professionnels statue alors sur la demande de dommages et intérêts formulée par la partie civile après avoir entendu chacune des parties. La loi prévoit que l'accusé acquitté peut demander des dommages et intérêts à la partie civile mais cette procédure est extrêmement rare.

En revanche, l'acquittement n'empêche pas la Cour d'Assises de condamner l'acquitté à verser des dommages et intérêts à la victime ou à ses proches si le préjudice résulte d'une faute civile distincte du crime qui a été définitivement écarté.

2. **L'indemnisation des victimes.** — Si la notion de dommages et intérêts est inscrite depuis longtemps en

droit, une nécessité est apparue depuis quelques années, celle d'indemniser les victimes d'une manière parfois plus adaptée et surtout plus rapide.

En effet, il devenait difficilement supportable de maintenir une situation où l'accusé peut – et c'est tout à fait normal – obtenir immédiatement l'aide judiciaire pour payer sa défense, mais où la victime devait attendre des années avant de commencer à percevoir des contreparties financières aux drames subis. D'autant que, dans bien des cas, même si des dommages et intérêts lui étaient finalement accordés « sur le papier », elle ne les recevait jamais, son débiteur étant insolvable, en prison ou sans travail.

Ce phénomène est apparu de façon encore plus aiguë, lorsque la France a connu, dans la deuxième moitié des années 80, une vague d'attentats terroristes dont, très souvent, les auteurs principaux n'étaient pas retrouvés ou pas jugés. D'où l'idée que l'État devait disposer de moyens financiers spécifiques pour remédier à cette situation. Un peu de la même manière qu'il intervient pour réparer les effets de catastrophes naturelles (sécheresse, inondations, tremblements de terre...).

Le principe qui en avait été arrêté dès 1977 a véritablement été mis en actes par des lois prises à l'initiative du ministre de la Justice de l'époque, Robert Badinter (1981-1986).

Ces textes, l'un du 8 juillet 1983 et l'autre du 30 décembre 1985, définissent les conditions dans lesquelles une personne peut être indemnisée par l'État. Il faut tout d'abord que les « faits, soit aient causé un dommage corporel ou entraîné la mort, une incapacité permanente ou une incapacité de travail personnel pendant plus d'un mois, soit résultent d'un viol, d'un attentat à la pudeur ou d'un viol précédé ou accompagné d'actes de barbarie » (art. 706-3 du CPP).

Deuxième condition : le préjudice doit consister « en un trouble grave dans les conditions de vie résultant d'une perte ou d'une diminution de revenus, d'un accroissement de charges, d'une inaptitude à exercer une profession ou d'une atteinte à l'intégrité soit physique, soit mentale ».

Enfin, il est nécessaire que la personne lésée ne puisse « obtenir, à un titre quelconque (exemple, par une assurance), la réparation ou une indemnisation effective et suffisante de ce préjudice ».

L'indemnité est décidée par une commission instituée dans chaque tribunal de grande instance. Elle fonctionne comme une juridiction civile de premier et de dernier ressort. Le montant maximum de l'indemnité accordée est fixé, chaque année, par décret.

Lorsque la victime, postérieurement au paiement de cette indemnité, se voit obtenir une réparation de son préjudice, à un titre quelconque, l'État peut demander à la commission de se faire rembourser totalement ou partiellement.

Chapitre VII

CAS PARTICULIERS ET INCIDENTS

Pour tout président de Cour d'Assises, le procès est un parcours semé d'embûches et d'imprévus : une fois, l'on s'aperçoit au dernier moment que l'interprète ne parle pas la même langue que celle de l'*accusé*. Une autre fois, il se blesse, volontairement ou non, dans sa cellule et il faut décider s'il est en état de comparaître. Une autre fois encore, un avocat se fait récuser par son client au cours des débats et il faut le commettre d'office pour que le procès puisse continuer. La liste serait longue de tous les incidents qui ponctuent le déroulement de ces audiences d'Assises.

Tout en gardant en principe sa neutralité et en assurant le respect des droits de la défense, le président doit aussi veiller à ce que le procès puisse se dérouler et surtout ne donne pas matière à un pourvoi en cassation, « la phobie de tout président », explique une greffière de la Cour d'Assises de Paris.

Nous examinerons quelques-uns de ces cas pour illustrer notre propos mais nous ne pouvons naturellement pas être exhaustifs à ce sujet.

I. — **Le huis clos**

Les débats devant la Cour d'Assises des majeurs (à la différence de celle réservée aux mineurs) sont publics. Toutefois, la Cour, sans le jury, peut prononcer le huis clos, si « la publicité des débats est dangereuse pour l'ordre et pour les mœurs » (art. 306 du CPP) et ce, quelle que soit la nature du crime poursuivi.

La Cour peut prendre cette mesure, sans même consulter l'accusé.

Pratiquement, le huis clos n'est utilisé que pour des affaires de viols, à la demande des parties civiles, ou pour des crimes sexuels à l'encontre de mineurs là aussi à la demande des familles des victimes. Depuis une loi du 23 décembre 1980, ce huis clos est de droit : le président ne peut s'y opposer dès lors qu'une des parties civiles le demande, dans toutes les affaires où sont poursuivis des faits de viols ou d'« agressions sexuelles autres que des viols » (art. 222-23 et 222-27).

Le huis clos peut être partiel ; par exemple, le président peut décider de faire évacuer la salle pour entendre l'enfant victime de mauvais traitements par ses parents, de manière à ne pas aggraver le traumatisme subi par celui-ci. Dans ce même type d'affaires, le président peut également ordonner le retrait des accusés, pendant la durée de l'audition du mineur (art. 339 du CPP).

II. — L'absence de l'accusé

1. **L'absence justifiée.** — Si l'accusé refuse d'être extrait de sa prison en invoquant une raison de santé, la Cour désigne un médecin-expert en lui donnant la mission d'aller examiner le malade et de présenter un rapport indiquant si son état lui permet de participer aux débats dans des conditions normales.

Cette appréciation est purement subjective, comme on a pu le voir lors des procès des militants d'Action directe qui comparaissaient en février 1988. Grévistes de la faim depuis près de trois mois, ils étaient si faibles qu'il fallait les porter jusque sur le banc des accusés, mais le médecin les a déclarés aptes « mentalement » à suivre les audiences, « à condition d'observer des pauses à intervalles réguliers ».

Dans le cas où les raisons médicales sont considérées comme justifiées, le président renvoie l'affaire à une session ultérieure.

2. **Le refus de comparaître.** — Il arrive que l'accusé refuse de participer à son procès, soit par mépris d'une justice qu'il conteste, soit parce qu'il espère que cette attitude permettra de retarder son jugement jusqu'à une date qu'il juge plus favorable.

A cet égard, il faut observer que les jurés peuvent être influencés par des faits divers impressionnants qui se sont déroulés les jours précédant un procès. En mai 1988, un jeune homme a comparu devant la Cour d'Assises de Nanterre pour une série d'attentats à la pudeur commis plusieurs années auparavant sur de jeunes garçons. Tous les journaux et télévisions parlaient alors de la recherche d'un autre homme qui venait de tuer un enfant après l'avoir violé. Il est évident que, dans de tels cas, le climat et l'état d'esprit des jurés peuvent facilement être teintés d'esprit de vengeance, plus ou moins conscient. L'avocat de la défense peut essayer, dans ces conditions, de faire renvoyer le procès à une autre date.

Dans le cas de refus de comparution – récemment plusieurs militants politiques ont agi ainsi – le président désigne un huissier qui, chaque jour, se rend à la prison pour transmettre une sommation de comparaître et recueillir les observations de l'accusé. S'il persiste dans son refus, le président peut – mais il le fait rarement – ordonner qu'il soit amené par la force. Cependant, l'article 320 du CPP autorise le magistrat à décider que l'accusé soit jugé malgré son absence.

Cette disposition, qui n'avait guère provoqué d'émoi jusqu'à une époque récente, a choqué beaucoup d'observateurs, lors du procès de Klaus Barbie à Lyon en mai-juin 1987 et de Georges Ibrahim Abdallah, en février de la même année. Le fait de « passer outre » l'absence du chef de la Gestapo de Lyon a été interprété par certains comme une mansuétude excessive envers un accusé à qui on laissait ainsi la liberté de fuir ses responsabilités. Situation délicate puisque beaucoup considèrent que la comparution publique et la confrontation aux victimes font partie intégrante de la sanction.

Cette notion d'expiation solennelle peut parfois apparaître, mais elle est tempérée par la philosophie de notre droit qui entend assurer de réels droits à la défense. En réalité, en autorisant l'accusé à être absent, le législateur n'avait pas le souci de lui être favorable. Car un accusé absent se prive de la possibilité de répondre directement aux accusations portées contre lui et risque fort de s'aliéner les jurés.

Après chaque audience, le greffier se rend à la prison pour lire à l'accusé le procès-verbal des débats ou pour lui communiquer les réquisitions du ministère public et les arrêts rendus par la Cour.

3. **L'expulsion.** — Certains accusés se montrent très agressifs ou violents. Dans ce cas, le président peut procéder à leur expulsion qui peut être temporaire ou définitive. Cette mesure est d'ailleurs applicable à toute personne assistant à l'audience qui « trouble l'ordre public de quelque manière que ce soit » (art. 321 du CPP). La Cour peut juger, sur-le-champ, les personnes « fauteuses de troubles » et les condamner à une peine de deux mois à deux ans de prison immédiatement exécutable. De manière générale, toute manifestation d'opinion – applaudissements ou huées – dans le

public est interdite. Chaque fois que cela se produit, le président prévient qu'il fera évacuer le public si ces comportements persistent.

III. — Incidents relatifs aux témoins

1. **L'absence d'un témoin important.** — L'absence d'un témoin important, qu'il s'agisse d'une personne ayant assisté à partie ou totalité du crime venant étayer la thèse de l'accusation, ou de quelqu'un confirmant l'alibi de l'accusé, peut être une cause de renvoi. Toutefois, c'est au président de décider éventuellement de passer outre et de procéder, avant les explications des parties, à la lecture des dépositions des témoins convoqués qui ne sont pas venus.

On peut regretter que, trop souvent, le magistrat, plutôt que de renvoyer à une autre session ou de se donner les moyens de faire venir les absents, ne procède à de très longues lectures qui mettent en cause le principe même de la Cour d'Assises où l'oralité des débats est primordiale.

2. **Le faux témoignage.** — Lorsque la déposition d'un témoin paraît fausse, c'est-à-dire par exemple contradictoire avec d'autres éléments matériels du dossier, et que cela donne lieu à un incident, la Cour peut alors décider de renvoyer l'affaire à une autre session, afin que les jurés ne puissent être influencés par le contenu manifestement inexact de ce qu'ils ont entendu. Le témoin qui a menti peut faire l'objet de poursuites judiciaires.

IV. — Les actes complémentaires

Chaque fois que le président et ses assesseurs l'estiment nécessaire, en raison de l'insuffisance d'éléments dans le dossier, ils peuvent procéder à un certain nombre d'actes complémentaires.

Il en est ainsi de l'expertise que la Cour peut ordonner, soit de sa propre initiative, soit sur la demande d'une des parties.

Il peut être nécessaire que la Cour et le jury aient une connaissance précise des lieux du crime, soit parce qu'ils constituent un élément important du dossier, soit parce que les débats ont fait apparaître une contradiction grave sur ce point. Dans ce cas, la Cour ordonne un transport sur les lieux et tous les participants au procès se déplacent. L'audience n'est pas pour autant interrompue et ne cesse pas d'être publique. Il faut parfois le rappeler aux forces de police qui sont tentées d'écarter les passants.

Il est intéressant de noter qu'un transport sur les lieux a souvent pour effet de rendre les participants au procès plus libres dans leur propos et dans leur attitude. La solennité de la salle d'audience a disparu et c'est sur un trottoir ou dans l'escalier d'un immeuble que magistrats, témoins, jurés, avocats et public se mêlent sans plus trop savoir « qui est qui » car les robes sont restées au vestiaire.

C'est ainsi que lors du procès d'Élisabeth Cons-Boutboul devant la Cour d'Assises de Paris en mars 1994 le président a organisé un transport dans l'immeuble où avait été assassinée la victime, Me Jacques Perrot. Toute la Cour s'est déplacée pour tenter de voir s'il était possible à un tueur professionnel de se cacher dans l'encoignure d'une porte pour échapper au regard d'une personne montant par l'ascenseur.

V. — **Les renvois en cours de débats**

Enfin, la Cour peut décider, à n'importe quel moment de l'audience, qu'un supplément d'information est nécessaire et renvoyer l'affaire à une autre session. Cela peut être le cas, par exemple, lorsqu'un accusé, jusque-là niant toute participation aux faits incriminés, avoue son crime et disculpe par là même un co-accusé dans le box.

Il en est ainsi également chaque fois que les jurés ont eu à entendre des éléments qui normalement auraient dû rester secrets, par exemple le rappel par la partie civile des aveux passés dans le premier temps d'une instruction qui fut annulée, en raison d'une erreur de procédure.

Ainsi, en 1985, un jeune homme accusé du meurtre d'un antiquaire avait avoué son meurtre au début de l'instruction et ces aveux avaient été reproduits dans la presse. Mais, en raison d'une nomination irrégulière du magistrat chargé de cette enquête, la procédure faite par celui-ci avait été annulée et l'enquête avait dû être entièrement refaite. Avec le second juge, l'accusé avait nié le crime. Lors du procès, l'avocat de la partie civile – le frère de l'antiquaire décédé –, qui savait pertinemment qu'il ne pouvait évoquer l'instruction annulée, avait sorti de son dossier une coupure de presse relatant les aveux, arguant que si la procédure était annulée, personne ne l'interdisait d'aller consulter les archives publiques des journaux. Le procès fut immédiatement renvoyé à une autre session.

VI. — **Réductions et exemptions de peine**

La loi a prévu de diminuer la peine et même de la supprimer lorsque certaines conditions sont réunies.

Il en est ainsi pour les accusés d'enlèvement et de prise d'otage qui encourent normalement la réclusion criminelle à perpétuité, si ceux-ci ont libéré volontairement leurs victimes avant le cinquième jour. La peine encourue est alors ramenée à vingt ans. Le but poursuivi est à l'évidence l'efficacité que l'on retrouve dans les textes concernant les dénonciateurs. Plusieurs articles du Code prévoient ces exemptions : le 414-3, en cas de complot contre la sûreté de l'État, l'article 442-9, en cas de fausse monnaie et le 422-1, en cas de terrorisme. Ce dernier, par exemple, stipule ainsi : « Toute personne qui a tenté de commettre un acte de terrorisme est exemptée de peine si, ayant averti l'autorité administrative ou judiciaire, elle a permis d'éviter la réalisation de l'infraction et d'identifier, le cas échéant, les autres coupables. »

Ces dispositions, moralement contestables, restent cependant très réduites en droit français et sont loin d'atteindre les étranges « transactions » observables aux États-Unis. Les exemptions, désignées par la locution « excuses absolutoires », sont soumises à l'appréciation de la Cour d'Assises qui doit se prononcer sur leur opportunité pour que l'accusé en bénéficie. L'absous n'est pas pour autant déclaré non coupable : il peut être condamné à une interdiction de séjour, déchu de ses droits civiques et contraint d'indemniser les victimes.

VII. — **La contumace**

En pénétrant sans but précis dans une salle où siège une Cour d'Assises, le visiteur peut assister à un étrange spectacle : un accusé est jugé en son absence et condamné, en quelques minutes, à la réclusion criminelle à perpétuité, alors même qu'aucun avocat n'a pris la parole pour le défendre.

C'est l'application de la procédure de contumace qui ne concerne que les accusés ne pouvant être jugés normalement, soit parce qu'ils n'ont jamais pu être arrêtés, soit parce qu'ils se sont évadés.

Créée en 1670, cette procédure a quelques aspects désuets. Si l'accusé ne se présente pas dans les dix jours après la signification à son domicile de l'arrêt de renvoi de la chambre d'accusation, le président de la Cour d'Assises prend à son encontre une ordonnance de contumace. Affichée à sa porte, elle accorde à l'accusé un nouveau délai de dix jours au terme duquel il sera déclaré « rebelle à la loi ». C'est sans doute dans cette notion qu'il faut trouver l'origine du terme « contumace » dont la racine latine signifie « obstiné », « orgueilleux ». D'ailleurs, pour désigner l'accusé, on dit le « contumax ».

Il sera « jugé » par les trois magistrats de la Cour siégeant sans le jury. Aucun témoin n'est entendu et la présence d'un avocat n'est pas admise. Il n'y a pas de débat et seul l'avocat général prend la parole pour demander le maximum de la peine. La Cour n'a pas la faculté d'accorder des circonstances atténuantes et peut donc seulement suivre les réquisitions, même si la loi prévoit que le contumax peut être acquitté.

Les effets de la peine sont de pure forme, puisque la condamnation par contumace est immédiatement anéantie dès que la personne recherchée est arrêtée ou si elle se livre spontanément. C'est la « purge » de la contumace ; un nouveau procès aura lieu dans les formes normales.

Cependant, si le contumax n'est pas arrêté dans les délais de prescription de la peine qui est de vingt ans, la sanction devient définitive mais ne peut plus être exécutée. Seul peut être exigé le paiement des condamnations civiles.

Chapitre VIII

LES COURS D'ASSISES D'EXCEPTION

Deux Cours d'Assises fonctionnent sur un autre mode : la Cour d'Assises des mineurs, créée par une loi du 24 mai 1951, et la Cour d'Assises spécialement composée, mise en place par la loi du 21 juillet 1982.

I. — La Cour d'Assises des mineurs

Elle juge des crimes commis par des adolescents qui ont entre seize et dix-huit ans au moment des faits. Si les auteurs d'actes criminels ont moins de seize ans, ils sont jugés devant un tribunal pour enfants, composé d'un président, juge des enfants, et de deux assesseurs qui ne sont pas des magistrats professionnels mais des personnes volontaires, âgées de trente ans ou plus, de nationalité française et qui se « sont signalées par leur intérêt porté aux enfants » (éducateurs, enseignants...).

Si le mineur a des complices majeurs, ceux-ci seront soit jugés, comme eux, devant la Cour d'Assises des mineurs, soit leur cas sera disjoint et ils seront renvoyés devant la Cour d'Assises de droit commun. Le choix se fait pendant l'instruction.

1. **La composition de la Cour d'Assises des mineurs.** — Elle est exactement calquée sur celle des majeurs.

Toutefois, les deux assesseurs qui forment avec le président la Cour au sens strict doivent être choisis parmi les juges des enfants du tribunal du ressort où l'affaire est jugée.

De même, le représentant du ministère public, procureur ou substitut, doit être pris parmi les magistrats spécialement chargés, au sein du Parquet, des problèmes des mineurs.

Les jurés sont, comme dans les procès d'accusés majeurs, tirés au sort sur des listes.

2. **Les particularités du procès de mineurs.**

A) *Le huis clos.* — Les débats devant la Cour d'Assises des mineurs sont à huis clos. Sont autorisés à rentrer dans la salle d'audience les avocats, les parents ou tuteurs de l'accusé, les représentants des services ou institutions s'occupant des enfants, les délégués à la liberté surveillée et les témoins.

En outre, le président peut à chaque moment qui lui semble opportun ordonner que le mineur se retire pendant une partie ou la totalité des débats qui vont suivre (CP, art. 67, al. 14). Il peut également demander aux témoins de se retirer après leur déposition, alors que dans un procès ordinaire le président laisse le choix au témoin de s'en aller ou de rester dans la salle.

Toute publicité des débats concernant un mineur est strictement interdite. Seul, le jugement peut être publié mais l'anonymat de l'accusé doit être strictement respecté, sous peine d'amendes variant de 300 à 40 000 francs.

B) *Le déroulement.* — Dans l'esprit de l'ordonnance de 1945 relative à l'enfance en difficulté, certaines dispositions sont prévues afin de protéger le mineur.

Ainsi, la Cour d'Assises des mineurs doit systématiquement, sous peine de nullité de la procédure, se poser deux questions : d'une part, y a-t-il lieu d'appliquer à l'accusé une condamnation pénale et, d'autre part, y a-t-il lieu d'exclure l'excuse que confère l'âge de l'accusé, dite « excuse de minorité atténuante ».

C) *Les sanctions.* — Un mineur jugé par une Cour d'Assises des mineurs, s'il est reconnu coupable des faits qui lui sont reprochés, n'est pas nécessairement condamné à une peine d'emprisonnement. La sanction (CP, art. 67, al. 16) décidée par la Cour peut consister en une mise sous protection judiciaire qui ne peut excéder cinq ans ou en un placement dans une institution ou un centre médico-pédagogique. Ces dernières mesures ne peuvent évidemment, dans la durée, dépasser l'âge légal de la majorité (dix-huit ans), sauf si celui-ci en fait la demande.

Mais il peut également subir une sanction qui se traduit par l'enfermement. Le quantum de la peine d'emprisonnement est lié à la réponse sur l'excuse de minorité atténuante. Si celle-ci lui est refusée, il encourt les mêmes peines que les adultes. Si celle-ci est accordée par la Cour, la condamnation à la réclusion à perpétuité est transformée en une peine de dix à vingt ans d'emprisonnement. Toutes les autres peines sont diminuées de moitié.

II. — La Cour d'Assises spécialement composée

Le principe de cette Cour d'Assises composée uniquement de magistrats professionnels a été conçu par le ministre de la Justice, Robert Badinter, après la suppression de la Cour de sûreté de l'État le 4 août 1981 et celle des tribunaux permanents des forces armées, le 21 juillet 1982.

La Cour de sûreté de l'État créée en janvier 1963, dont la composition était permanente et unique, siégeait à Paris et était habilitée à juger de tous les crimes d'atteinte à la sûreté intérieure et extérieure de l'État (autonomistes corses, bretons) et d'espionnage.

1. **La composition de la Cour.** — Instituée par une loi du 21 juillet 1982, la Cour d'Assises spéciale est composée d'un président et de six assesseurs, donc de sept magistrats professionnels (CPP, art. 698-6). Comme pour la Cour d'Assises ordinaire, le président est choisi parmi les présidents de chambre et les conseillers de la Cour d'Appel, tandis que les assesseurs sont recrutés parmi les conseillers de la Cour d'Appel ou le cas échéant parmi les présidents ou vice-présidents du tribunal de grande instance (cf. art. 249 et s. du CPP).

Contrairement à la Cour de sûreté de l'État, la formation de la juridiction de jugement est distincte pour chaque session et peut être convoquée dans chaque ressort de Cour d'Appel.

2. **Son champ de compétence.** — Au fil du temps, sa compétence s'est élargie. Initialement, elle était limitée aux crimes d'intelligence avec l'ennemi et de trahison, puis aux crimes commis par les militaires en temps de paix. Mais, depuis la loi du 9 septembre 1986, rendue rétroactive par la loi du 30 décembre 1986, elle juge actuellement tous les crimes de terrorisme.

Comme l'instruction de ceux-ci est, dans bien des cas, centralisée à Paris, un grand nombre de procès de ce type ont eu lieu dans la capitale (Georges Ibrahim Abdallah en février 1987, trois membres d'Action directe en juin 1987, certains chefs historiques d'AD également en février 1988). Mais des Cours d'Assises spéciales ont été également formées à Pau pour juger d'affaires basques et à Bordeaux pour des nationalistes corses.

A) *L'espionnage et la trahison.* — Les sept magistrats professionnels doivent avoir à connaître aussi bien ceux qui « porteront les armes contre la France » (trahison, CP, art. 70) que ceux qui « livreront à une puissance étrangère un renseignement, objet, document ou procédé qui doivent être tenus secrets dans l'intérêt de la défense nationale » (espionnage, CP, art. 72), ou même ceux qui commettent des actes « de nature à nuire à la défense nationale de la France ou à ses intérêts économiques essentiels » (CP, art. 74).

La livraison à l'étranger d'« inventions intéressant la défense nationale » ainsi que la divulgation d'informations militaires non rendues publiques sont également sanctionnées devant la Cour d'Assises spéciale.

B) *Les crimes des militaires.* — Une fois supprimés les tribunaux permanents des forces armées, les militaires ne peuvent plus être jugés que devant les Cours d'Assises ordinaires ou spéciales.

S'il s'agit de crimes de droit commun – un militaire tuant un de ses collègues au cours d'une altercation –, ils sont jugés devant la Cour d'Assises ordinaire.

En revanche, s'il s'agit de crimes impliquant la divulgation d'un secret de la défense nationale, leurs auteurs comparaîtront devant une Cour d'Assises spéciale.

Enfin, s'il s'agit d'infractions spécifiquement militaires (livre III du Code de justice militaire), celles qualifiées de crime seront jugées par la Cour spécialement composée. Il en est ainsi des pillages, des destructions d'ouvrages, de bâtiments de la marine (...) concourant à la défense nationale, mais aussi des faux dans les comptes pour le militaire chargé en titre d'une comptabilité.

C) *Le terrorisme.* — D'août 1981 à septembre 1986, les auteurs de crimes terroristes étaient passibles de la juridiction de droit commun, la Cour d'Assises avec ses jurés. Face à la montée du terrorisme interne et international basé en France, le gouvernement de l'époque adopta le 9 septembre 1986 une loi anti-terroriste qui élargissait la compétence de la Cour d'Assises spéciale à toute une série d'infractions (assassinats, enlèvements...), lorsque celles-ci « sont en relation avec une entreprise ayant pour but de troubler gravement l'ordre public par l'intimidation ou la terreur ». La loi ne devait s'appliquer qu'aux faits postérieurs à septembre 1986.

Mais, courant décembre 1986, le procès de trois membres d'Action directe pour des faits commis en 1983, qui se déroulait devant un jury populaire, fut renvoyé au terme de trois audiences, en raison de la défection de plusieurs jurés. Certains téléphonaient en disant simplement qu'ils avaient peur, que leur entourage les avait dissuadés de revenir tenir leur place de juré, d'autres invoquaient une maladie, d'autres enfin expliquaient au président qu'ils n'arrivaient plus à dormir. Le premier jour du procès, l'un des accusés avait proféré des menaces qui, même si elles étaient vagues, avaient pu impressionner le jury.

Le gouvernement adopta alors le 30 décembre 1986 un amendement qui permit à la loi anti-terroriste de s'appliquer rétroactivement. Outre son caractère rétroactif, exceptionnel dans le droit français, cette loi constitue, aux yeux de certains juristes, une dérogation dangereuse au principe du jury populaire. Car, au fur et à mesure que la Cour d'Assises spéciale voit son champ de compétence étendu, la Cour d'Assises ordinaire est dessaisie d'un certain nombre d'infractions et voit son propre domaine d'interventions « appauvri ». Rien ne garantit en effet qu'il ne se trouve pas demain un responsable politique pour proposer que les Cours d'Assises spéciales soient habilitées à juger du grand banditisme, au prétexte que les jurés pourraient redouter des représailles de complices en liberté, ou de crimes de droit commun commis dans certaines zones sensibles, telle la Corse où, à plusieurs reprises, il ne s'est pas trouvé le nombre nécessaire de jurés présents pour opérer le tirage au sort.

D) *Le trafic de stupéfiants en bande organisée.* — Depuis le 1er mars 1994, les « dirigeants ou organisateurs » de trafic de stupéfiants (exportation, importation, fabrication, production, cession...) sont jugés par des Cours d'Assises spécialement composées, quand est retenue la circonstance aggravante de bande organisée. Celle-ci se définit, selon l'article 132-71 du Nouveau Code pénal par « tout groupement formé ou toute entente établie en vue de la préparation, caractérisée par un ou plusieurs faits matériels, d'une ou plusieurs infractions ». La circulaire du 14 mai 1993 précise en outre que pour éviter des difficultés d'organisation une seule Cour d'Assises par ressort de Cour d'Appel sera amenée à juger ce type d'affaires.

Chapitre IX

LA CHAMBRE CRIMINELLE DE LA COUR DE CASSATION

I. — Le pourvoi : généralités

Lorsqu'une personne s'estime injustement condamnée par un tribunal, elle a la faculté de demander à être jugée à nouveau par une Cour d'Appel. Cette disposition n'existe pas pour les arrêts de la Cour d'Assises qui sont inattaquables sur le fond. Il semble que le législateur ait considéré que l'erreur n'était pas imaginable dans une décision rendue par le peuple lui-même. « Vox populi, vox dei », rappelle M. Jean Pradel, tout en observant que la France a ratifié la Convention européenne des droits de l'homme consacrant le droit à bénéficier d'un double degré de juridiction. Plusieurs pays dont l'Italie disposent d'un deuxième degré de juridiction en matière criminelle et son instauration est envisagée en France.

Ceux qui souhaitent conserver la procédure actuelle considèrent que l'instruction menée par le juge et celle conduite à l'audience ainsi que le rôle tenu par la chambre d'accusation sont des garanties suffisantes. Pourtant, est-il possible de s'abriter encore longtemps derrière « le verdict populaire » pour justifier l'énorme disparité des peines prononcées par les Cours d'Assises qui peuvent infliger vingt ans de réclusion criminelle pour une tentative de meurtre alors que, dans le département voisin, un double assassinat vaudra douze ans de la même peine à son auteur ?

Le seul recours possible, en tout cas actuellement, est le pourvoi en cassation. Mais la Cour de Cassation se borne, en droit, à examiner si la loi a été intégralement respectée entre le moment où la chambre d'accusation a rendu son arrêt de renvoi devant la Cour d'Assises et le moment où cette juridiction a rendu sa décision. Car, il faut le rappeler, l'arrêt de renvoi de la chambre d'accusation devant la Cour d'Assises purge complètement toutes les irrégularités ou nullités qui ont pu se produire éventuellement pendant l'instruction.

Si une irrégularité est constatée donc au cours du déroulement du procès et seulement pendant cette phase-là, et si les juges suprêmes estiment que celle-ci a pu nuire aux intérêts de la défense, l'arrêt de condamnation est cassé et une autre Cour d'Assises est désignée pour juger à nouveau l'accusé.

Ce pourvoi ne peut donc concerner que la forme et il y a là une certaine hypocrisie car il n'est pas rare de voir les magistrats de la Haute Juridiction casser une décision en s'appuyant sur une faute de procédure mineure qui n'aurait pas eu la moindre chance d'aboutir, dans un autre cas. A l'inverse, une faute grave, à l'évidence illégale, est parfois justifiée par la Cour dans un arrêt rédigé dans le langage hermétique dont cette juridiction a le secret. Manifestement, les magistrats ont été influencés par le fond de l'affaire, la personnalité de l'accusé ou par les incidences politiques et sociales de la décision de cassation qu'ils auraient eu à prendre.

Même si elle a contribué à réparer certaines erreurs judiciaires, cette forme de deuxième degré de juridiction n'est pas satisfaisante. En intervenant uniquement dans quelques cas isolés, ces cassations peuvent constituer des décisions arbitraires car il existe des distorsions entre les motifs avoués et les motifs réels.

Devant la chambre criminelle de la Cour de Cassation, ce ne sont pas les avocats choisis à l'origine par le condamné qui le représentent mais des avocats figurant sur une liste limitative et ne plaidant que devant le Conseil d'État, la Cour de Cassation et le Tribunal des Conflits.

II. — Les différentes formes de pourvoi

1. **Le pourvoi dans l'intérêt des parties.** — Toutes les parties au procès, accusé, partie civile et ministère public, peuvent se pourvoir en cassation dans la mesure où l'irrégularité qu'elles invoquent a eu pour conséquence de leur faire « grief », selon le terme utilisé par l'article 567 du CPP. La partie civile ne peut donc se pourvoir que contre la décision relative aux intérêts civils. Dans ce cas, si la décision est cassée, la Cour renvoie l'affaire devant un tribunal différent de celui où a été menée l'instruction pénale.

Une autre limitation est imposée par l'article 572 du CPP : « Les arrêts d'acquittement prononcés par la Cour d'Assises ne peuvent faire l'objet d'un pourvoi que dans le seul intérêt de la loi et sans préjudicier à la partie acquittée. »

Avant d'être garde des Sceaux, Pierre Arpaillange, alors procureur général près la Cour de Cassation, l'avait souligné amèrement lors d'un colloque organisé par « Droit et Démocratie » en février 1988. Interrogé sur l'acquittement des Caldoches responsables de la fusillade de Hienghiène (en Nouvelle-Calédonie), il avait expliqué « qu'il n'y avait plus rien à faire », une fois qu'un verdict d'acquittement était décidé. Il avait regretté simplement que le Parquet de Nouméa ne lui ait pas signalé l'injustice éventuelle que pouvait constituer un jury presque exclusivement composé de Caldoches. Car, alors, il avait la faculté de demander le dessaisissement de la Cour d'Assises de Nouméa au profit d'une Cour de la métropole, dont les membres auraient été *a priori* plus impartiaux. Il est en effet dans les attributions de la chambre criminelle de dessaisir une Cour au profit d'une autre « dans l'intérêt d'une bonne administration de la justice » ou « pour suspicion légitime ». Cela a été le cas lorsque la Cour de Cassation a dessaisi la Cour d'Appel de Nancy au profit de celle de Dijon pour poursuivre l'instruction de l'affaire du meurtre du petit Grégory.

Si la loi autorise les parties civiles et le ministère public à se pourvoir en cassation, cette faculté n'est que rarement utilisée. Seul, le condamné qui se déclare innocent ou s'estime trop lourdement puni présente un pourvoi. Il appartient donc à son avocat de prendre toutes les dispositions nécessaires au cours du procès pour que la juridiction suprême puisse, si elle est saisie, constater les irrégularités invoquées. L'avocat devra notamment se faire donner acte des fautes qu'il aura constatées pour garder une trace écrite qui sera livrée à l'appréciation de la Cour. Cette procédure est d'un usage délicat car la plupart des présidents d'Assises détestent fournir aux défenseurs les moyens de cassation.

Les condamnations prononcées à l'issue d'un deuxième procès, après pourvoi en cassation, ne sont tenues à aucune règle : elles peuvent soit être inférieures, soit supérieures, soit égales à celles décidées par la première Cour d'Assises. Le plus souvent, elles sont inférieures ou égales. Pour mémoire, il existe bien en droit français une interdiction de la *reformation in pejus* (aggravation de la peine) mais seulement lorsque l'on change de degré de juridiction : ainsi, une personne condamnée à cinq ans de prison en correctionnelle et qui est la seule partie à faire appel de cette décision ne peut être condamnée à une peine plus lourde.

Au contraire, un verdict de Cour d'Assises est une décision judiciaire de premier et de dernier ressort. La deuxième Cour d'Assises apprécie les faits comme la première, maintient ou modifie les qualifications, acquitte ou condamne, accorde ou refuse les circonstances atténuantes.

A titre d'exemple : trois hommes accusés d'avoir organisé une évasion spectaculaire – par hélicoptère – de Fleury-Mérogis en février 1981, André Prébet, trente-sept ans, Gérard Dupré, trente-huit ans, et Serge Coutel, trente-quatre ans, avaient été condamnés respectivement à huit ans, dix-huit ans et dix ans par la Cour d'Assises d'Évry. Le verdict avait été cassé et l'affaire renvoyée devant la Cour d'Assises de Créteil. Pour les trois accusés, les peines ont été sensiblement réduites : Prébet fut condamné à cinq ans de réclusion, Dupré à treize ans et Coutel à six ans de la même peine.

2. **Le pourvoi dans l'intérêt de la loi.** — Il ne peut être formé que par le procureur général près la Cour de Cassation sur ordre formel du ministre de la Justice. Il s'agit là d'une procédure dont les conséquences sont uniquement abstraites car la décision annulée conserve ses effets. Mais « l'intérêt de la loi » est ainsi garanti : le but est d'éviter qu'une erreur de droit puisse se perpétuer et servir de précédent, de référence. Le rôle principal de la Cour de Cassation est en effet de fixer la jurisprudence, c'est-à-dire de fournir, grâce à ses arrêts, la bonne interprétation des textes de loi.

3. **Le pourvoi en annulation.** — Moins rare que le précédent, il reste cependant une procédure exceptionnelle engagée par le garde des Sceaux contre des décisions supposées entachées d'irrégularités. Il est souvent

appelé « pourvoi dans l'intérêt de la loi et du condamné » car le renvoi devant une autre Cour est possible mais la juridiction désignée ne pourra prononcer une peine supérieure à la décision annulée, contrairement à ce qui se passe dans le cas du pourvoi dans l'intérêt des parties.

4. **La demande en révision.** — C'est la seule procédure dans laquelle la Cour de Cassation est saisie non sur des irrégularités de forme mais sur des erreurs de fait. L'article 622 du CPP précise les quatre cas de demande en révision qui peuvent être résumés de la manière suivante :

— lorsque des doutes surviennent sur l'existence de la prétendue victime de l'homicide ;
— lorsqu'une autre personne a été condamnée pour les mêmes faits ;
— lorsqu'un des témoins entendus a été condamné ensuite pour faux témoignage ;
— lorsqu'un fait nouveau se produit ou si apparaît un élément inconnu le jour du procès « de nature à faire naître un doute sur la culpabilité du condamné ».

Ce dernier cas a été introduit par une loi du 23 juin 1989. Auparavant, il fallait que le fait nouveau ou l'élément inconnu des premiers juges soit « de nature à établir l'innocence du condamné ». Désormais appréciée de manière plus large, la révision peut être demandée par le ministre de la Justice, par le condamné ou, s'il est décédé, par sa famille « ou par ceux qui en ont reçu de lui la mission expresse ». Une commission de la Cour de Cassation procède à toutes les investigations nécessaires en réalisant une véritable instruction pour décider si l'affaire doit être classée ou s'il y a lieu de saisir la chambre criminelle de la

Cour de Cassation. Dans cette dernière hypothèse, la chambre criminelle peut décider de renvoyer l'accusé devant une nouvelle Cour d'Assises. Cependant, s'il s'avère que de nouveaux débats sont impossibles (décès du condamné, des témoins ou en présence d'amnistie ou de prescription), la chambre criminelle statue elle-même sur le fond.

Si les demandes en révision sont rares, elles passionnent le public car elles portent généralement sur des énigmes devenues historiques. Cependant, malgré une loi devenue plus souple, la Cour de Cassation a conservé sa jurisprudence extrêmement étroite en matière de révision. La Haute Juridiction a rejeté en mars 1994 la demande formée au nom de Gaston Dominici. Raymond Miss et Gabriel Tiennot, condamnés pour le meurtre d'un garde-chasse juste après la guerre continuent de lutter pour obtenir la reconnaissance de leur innocence bien que la Cour de Cassation ait rejeté leur demande le 15 juin 1988. Denis Seznec poursuit la même lutte acharnée pour faire reconnaître l'innocence de son grand-père Guillaume, condamné au bagne à perpétuité le 4 novembre 1924. Accusé d'avoir tué son associé Pierre Quemeneur, Guillaume Seznec a été libéré après vingt-quatre ans de détention dont vingt ans de bagne en Guyane. Le 4 juin 1993, la Cour a ordonné un complément d'information qui n'était pas encore achevé en février 1996.

Chapitre X

L'APPLICATION DE LA PEINE

Quand le pourvoi en cassation est rejeté, la condamnation devient définitive. La peine va être exécutée dans une maison centrale, s'il s'agit de réclusion, ou dans une prison s'il s'agit d'emprisonnement.

L'exécution de la peine est du ressort du juge d'application des peines (JAP), de la commission d'application des peines, du comité consultatif siégeant à la Chancellerie et du ministre de la Justice.

Les modalités d'exécution de la peine diffèrent selon sa durée et la période de sûreté éventuellement prononcée par la Cour d'Assises. Cette période correspond à la fraction de la peine pendant laquelle le condamné ne peut demander de libération conditionnelle ni bénéficier des mesures d'aménagement de la peine telles que les permissions de sortir ou la semiliberté.

I. — La durée de la peine

1. **Le juge d'application des peines**. — Quand la peine est inférieure à cinq ans, la décision de libération conditionnelle revient au juge d'application des peines, après consultation de la commission. Si la défense est privée de recours en cas de refus, le procureur de la République a la faculté, pendant vingt-

quatre heures, de saisir le tribunal correctionnel pour s'opposer à la décision du juge. L'audience a lieu en chambre du conseil et les juges statuent « après avoir procédé à toutes auditions utiles et entendu en leurs observations, s'ils en ont fait la demande, les conseils du condamné et la partie civile ». C'est en application de cette dernière procédure que le Dr Michel Garretta a dû effectuer exceptionnellement la totalité des quatre ans de prison qui lui avaient été infligés le 23 octobre 1992 dans l'affaire du sang contaminé.

En règle générale, dès que le condamné a effectué la moitié de sa peine, il est informé qu'il peut solliciter une libération conditionnelle. Il a le choix de refuser s'il préfère exécuter l'intégralité de sa peine de manière à être totalement libre à sa sortie. S'il demande sa libération, son cas va être soumis à la commission d'application des peines présidée par le JAP et qui comprend notamment un psychiatre, un travailleur social et le directeur de la prison. Le critère principal réside dans la présentation de « gages sérieux de réadaptation sociale ».

2. **Le rôle de la Chancellerie.** — Si la durée de la peine est supérieure à cinq ans, le JAP n'a plus le rôle décisif. Les dossiers qui ont reçu un avis favorable de la commission et du juge sont envoyés à la Chancellerie. C'est le ministre de la Justice qui prend la décision après avoir généralement pris l'avis du comité consultatif de libération conditionnelle.

Si la personne a été condamnée à la réclusion criminelle à perpétuité, elle ne peut demander à bénéficier de la libération conditionnelle qu'après quinze ans de réclusion réellement effectués. Si le condamné est en état de récidive légale (art. 729 du CPP), il ne peut demander sa libération conditionnelle qu'après avoir effectué les deux tiers de sa peine.

II. — La période de sûreté

Les condamnations prononcées pour toute une série d'infractions graves sont automatiquement assorties d'une période de sûreté. Elle est de la moitié de la peine ou de dix-huit ans s'il s'agit de la réclusion criminelle à perpétuité. En théorie, la Cour d'Assises, par décision spéciale, peut abaisser ces seuils, mais en pratique les délibérations sur la période de sûreté ne portent que sur une élévation qui peut aller jusqu'aux deux tiers de la peine ou jusqu'à vingt-deux ans pour les condamnations à la réclusion criminelle à perpétuité. Dans les mêmes limites, la Cour d'Assises peut aussi décider d'appliquer une période de sûreté quand la peine prononcée est supérieure à cinq ans, même quand le texte punissant le crime ne le prévoit pas expressément (art. 132-23 du NCP).

Le maximum de la période de sûreté peut être porté à trente ans par les articles 221-3 et 221-4 punissant de la réclusion criminelle à perpétuité le meurtre et l'assassinat d'un mineur de moins de quinze ans quand ils sont accompagnés de viol, de tortures ou d'actes de barbarie. Après le meurtre de la petite Karine commis le 13 septembre 1993 à Perpignan, le garde des Sceaux, Pierre Méhaignerie, a fait ajouter à ces deux textes une mention autorisant la Cour d'Assises de décider qu'aucune mesure de libération conditionnelle ne pourra être accordée aux condamnés. Inscrite dans la loi du 1er février 1994, cette « perpétuité réelle » inspirée par une réaction démagogique face à un crime particulièrement odieux n'a eu aucune efficacité. D'autres crimes ont et seront commis contre des enfants par des malades mentaux qui sont placés dans une étrange situation : la justice refuse de considérer qu'ils souffrent d'une maladie qui modifie leur comportement mais la même loi du 1er février 1994 prévoit qu'ils exécutent leur peine « dans des établissements pénitentiaires permettant d'assurer un suivi médical et psychologique adapté ».

La période de sûreté peut être ultérieurement réduite par la chambre d'accusation dans certaines conditions. Mais dans le cas de la période de sûreté de trente ans, cette juridiction ne peut être saisie qu'après que le condamné ait subi une incarcération au moins égale aux deux tiers de la période de sûreté. Si la Cour d'Assises a décidé une période de sûreté illimitée, ce n'est qu'au terme d'une détention de trente ans que le juge d'application des peines demande à trois experts médicaux de se prononcer « sur l'état de dangerosité du condamné ». La décision de mettre fin à la période de sûreté appartient alors à une commission de la Cour de Cassation.

III. — **La confusion des peines**

Toute peine de réclusion criminelle absorbe automatiquement les condamnations antérieures à des peines correctionnelles, sauf pour les trafiquants de drogue depuis la loi adoptée en 1987. En revanche, deux condamnations à la réclusion ne sont pas nécessairement confondues.

En premier lieu, la Cour d'Assises dans son verdict peut statuer sur la confusion, si le condamné a déjà à son casier une peine criminelle définitive. Elle peut décider soit de prononcer cette confusion, soit au contraire de la rejeter. Mais le total des deux peines « ne peut excéder le maximum prévu par la loi pour le fait poursuivi » par cette dernière Cour d'Assises.

Si la Cour n'a pas statué sur la confusion, le condamné peut déposer, à tout moment, une requête en confusion de peine. Celle-ci sera examinée par la chambre d'accusation de la Cour d'Appel.

IV. — La grâce

Depuis la suppression de la peine de mort, ce mot ne revêt plus tout à fait le même sens. Mais ce pouvoir, réservé au Président de la République, peut s'appliquer à toute condamnation pénale devenue définitive. Ses conditions d'application relèvent plus de la tradition que du droit et le chef de l'État l'exerce d'une manière discrétionnaire. Cependant, on peut observer que la grâce est généralement prononcée pour des motifs essentiellement humanitaires. Il faut toutefois ajouter que certaines ont été accordées pour redresser une injustice qu'aucune voie de droit ne permettait plus de réformer.

Les requêtes sont d'abord soumises à la Chancellerie et le garde des Sceaux a le pouvoir de faire une sélection avant de transmettre celles qui lui semblent acceptables à la Présidence. Parallèlement, le Conseil supérieur de la Magistrature émet un avis et le Président se détermine sans être lié par ces deux formes d'examen préalable. La grâce peut être totale ou partielle mais, à l'inverse de l'amnistie, elle n'entraîne pas l'effacement de la condamnation du casier judiciaire. Les grâces sont rendues publiques par les personnes concernées mais ne font pas l'objet de statistiques de la part de la Chancellerie, de telle sorte qu'on en ignore le nombre.

V. — La Commission nationale d'indemnisation

Il arrive que la justice se trompe et que la personne accusée à tort finisse par obtenir que son innocence soit reconnue. Or, dans certains cas, elle a été écrouée pendant une période plus ou moins longue avant de bénéficier d'un non-lieu ou d'un acquittement.

Le préjudice causé doit donc être réparé et, depuis une loi du 17 juillet 1970, l'article 149 du Code de procédure pénale prévoit qu'une indemnité peut être accordée à toute personne « ayant fait l'objet d'une détention provisoire au cours d'une procédure terminée à son égard par une décision de non-lieu, de relaxe, ou d'acquittement devenue définitive ». Mais le texte précise que la détention doit lui avoir causé « un préjudice manifestement anormal et d'une particulière gravité ». Le législateur s'est montré très prudent en adoptant un texte aussi restrictif puisqu'il ne considère pas que le préjudice soit évident dans tous les cas.

Composée de trois magistrats de la Cour de Cassation, la Commission nationale d'Indemnisation en matière de détention provisoire examine les requêtes à huis clos et rend des décisions non motivées qui ne sont susceptibles d'aucun recours. Depuis sa création, la Commission a été saisie de 1 665 requêtes mais n'a indemnisé que 333 personnes (statistiques décembre 1994). En outre, les sommes allouées sont extrêmement variables. Certains peuvent recevoir une indemnisation relativement forte pour quelques semaines de prison, alors que d'autres se voient parfois attribuer le même montant pour plusieurs mois ou années de détention.

Ceci s'explique par le fait que la Commission se prononce en fonction du dossier et tient compte d'éléments qui ne sont pas toujours en accord avec la « vérité judiciaire ». Il n'est pas interdit de penser que les magistrats soient influencés par les pièces de l'instruction, lorsqu'elles laissent apparaître une certaine part de culpabilité.

L'autre source de distorsion peut être d'origine sociale. Le travailleur immigré, injustement inculpé d'un viol, recevra une maigre compensation, tandis que le notaire accusé à tort d'un meurtre recevra une somme beaucoup plus conséquente. Une partie de la base du calcul de l'indemnité semble reposer en effet sur le manque à gagner subi par la personne détenue à tort.

VI. — Prescription et imprescriptibilité

L'abandon des poursuites au terme d'une période plus ou moins longue peut s'expliquer de différentes manières. Certains estiment qu'une répression trop lointaine de l'infraction perd une grande partie de son sens, alors que d'autres invoquent les risques d'injustice multipliés par le temps. Quoi qu'il en soit, c'est une notion presque réservée à notre droit et qui n'existe pas dans les pays anglo-saxons.

L'article 7 du Code de procédure pénale précise : « En matière de crime, l'action publique se prescrit par dix années révolues, à compter du jour où le crime a été connu, si, dans cet intervalle, il n'a été fait aucun acte d'instruction ou de poursuite. » Ainsi, pour qu'un criminel puisse jouir de l'impunité, dix ans après les faits, il faudrait que l'acte soit demeuré inconnu du Parquet. Car, sinon, une information judiciaire aurait nécessairement été ouverte. En pratique, la période de dix ans ne commence que le lendemain du jour où le magistrat instructeur a rendu une ordonnance de non-lieu constatant que l'auteur est resté inconnu, une décision généralement prise après de très longues recherches. Même dans ce cas, le Parquet a toujours la faculté de demander l'ouverture d'une nouvelle information judiciaire. De surcroît, la jurisprudence donne à de nombreux actes le pouvoir d'interrompre la prescription. C'est le cas par exemple d'un simple rapport de police, établi à la demande du Parquet.

Toutefois, certains crimes échappent à la prescription, mais la notion d'imprescriptibilité a été tardivement inscrite dans notre droit. Certes, le cas était déjà prévu dans le Code de Justice militaire pour certaines formes de désertion. Mais il fallut attendre la loi du 26 décembre 1964 pour que le Code pénal déclare « imprescriptibles par leur nature » les crimes contre l'humanité. Et pour les définir, la loi se contentait de renvoyer à la formulation utilisée par la résolution des Nations Unies du 13 février 1946 reprenant la Charte du Tribunal international de Nuremberg du 8 août 1945. Les procédures menées contre Klaus Barbie et Paul Touvier ont amené la Cour de Cassation à redéfinir progressivement le concept de crimes contre l'humanité. Cependant, cette jurisprudence limitait les crimes contre l'humanité à ceux perpétrés par les nazis durant la Seconde Guerre mondiale. Le Nouveau Code pénal a mis fin à cette restriction en créant le crime de génocide qui vise de façon plus large les exactions commises « en exécution d'un plan concerté tendant à la destruction totale ou partielle d'un groupe national, ethnique, racial ou religieux, ou d'un groupe déterminé à partir de tout autre critère arbitraire ». Sont également imprescriptibles : « La déportation, la réduction en esclavage ou la pratique massive d'exécutions sommaires, d'enlèvements de personnes suivis de leur disparition, de la torture ou d'actes inhumains inspirés par des motifs politiques, philosophiques, raciaux ou religieux et organisés en exécution d'un plan concerté à l'encontre d'un groupe de population civile. »

VII. — La réhabilitation

La réhabilitation, qui veut dire « rétablissement dans le premier état », a été introduite dans notre Code en 1808. Elle vise à favoriser le reclassement d'un condamné qui a effectivement subi sa peine, en en effaçant la trace sur son casier judiciaire et en faisant cesser toutes les incapacités qu'entraîne une peine criminelle.

Il existe deux sortes de réhabilitation. Tout d'abord, la réhabilitation légale : le condamné à une peine criminelle est réhabilité de plein droit au terme d'un certain délai après libération conditionnelle ou définitive. Ce délai est de vingt ans pour toutes les peines supérieures à deux ans de prison. Et il faut, de surcroît, que la personne n'ait eu à subir aucune peine d'emprisonnement pendant toute cette période.

Deuxième cas : la réhabilitation judiciaire. C'est le condamné qui doit en faire la demande. Celle-ci est adressée au procureur de la République du lieu de résidence. Le magistrat saisit, après enquête, la chambre d'accusation de la Cour d'Appel qui statuera sur le cas.

Cette demande ne peut être effectuée que cinq ans après la libération définitive du condamné – sa sortie de prison – ou après la libération conditionnelle, si celle-ci n'a pas été révoquée. La condamnation ne disparaît effectivement du casier judiciaire que cinq ans après la décision de réhabilitation.

CONCLUSION

> « Un procès d'Assises est toujours une cérémonie au cours de laquelle le crime est banalisé. »
>
> Me Jacques Vergès, le 28 septembre 1988, émission « Libre et change » (sur M6).

Nous l'avons vu, la tenue d'un procès d'Assises ne se fait pas sans difficulté. Naviguant autour de la notion floue et fluctuante qu'est le crime, il risque à tout moment de se heurter à des obstacles qui tout à la fois ternissent l'image de la justice aux yeux des citoyens et compromettent tant les vertus de la sanction que les nécessités de la réinsertion dont la société affirme qu'elles sont l'objectif poursuivi.

Pour nous résumer, nous pouvons dire que les écueils sont de quatre ordres :

1. **Les critiques de la procédure d'instruction.** — De plus en plus souvent, on entend des avocats critiquer notre procédure et regretter que l'on n'adopte pas en France la procédure dite accusatoire. Ce système anglo-saxon prévoit une stricte égalité de plan entre le policier, conçu comme un simple citoyen, représenté par un avocat, et l'accusé, assisté également d'un conseil. Il s'agit là de deux parties qui doivent pareillement apporter des preuves de ce qu'elles avancent. Les juges et les jurés – quand les accusés plaident non coupables – entendent ces deux versions mais ils ne peu-

vent s'appuyer, comme les juges français, sur le travail fait par le juge d'instruction.

Pour les partisans de ce système, les choses seraient ainsi beaucoup plus claires, car il n'y aurait pas de collusion possible entre le juge d'instruction, le magistrat du Parquet et celui qui dirige les débats, tous trois membres d'une même corporation.

Dans le système anglo-saxon, les mêmes avocats sont tour à tour du côté de l'accusation ou de celui de la défense. Quant au président, il n'a pas le droit de poser des questions à l'accusé. Il se contente d'être l'arbitre des débats.

Dans le même registre, on critique souvent le travail du juge d'instruction en soulignant que, en liaison étroite avec la police et sans grand moyen pour lui résister, il peut se laisser facilement entraîner sur la piste qu'elle lui trace. Il est alors accusé d'instruire à charge et de négliger ce qui pourrait au contraire se révéler à décharge de l'inculpé. A Paris, cette situation est plus évidente puisque, faute de temps ou de moyens, les magistrats instructeurs sont amenés à se décharger d'une grande partie de leurs tâches sur des policiers.

2. **Une décision sans appel.** — La critique principale du fonctionnement de la Cour d'Assises vise l'impossibilité de faire appel de ses verdicts. Cela signifie d'abord que les accusés punis des peines les plus lourdes ne disposent que d'une seule chance d'être jugés alors que celui qui vole un sac à l'arraché peut être rejugé par une Cour d'Appel. Et, plus grave encore, cela a pour conséquence que les présidents d'Assises n'ont qu'une obsession : celle de la procédure. Pour eux, le principal obstacle est l'erreur de parcours qui entraînera la cassation de leur arrêt par la Cour suprême. Ils peuvent donc avoir tendance à atta-

cher plus d'importance à des détails de droit qu'au fond du dossier et à une analyse critique du travail du magistrat instructeur.

3. **Le rôle du président.** — Le rôle déterminant du président (police de l'audience, organisation des débats, maîtrise des interrogatoires) est également très critiqué par les avocats de la défense. C'est le deuxième côté « loterie » de la Cour d'Assises : la personnalité du président, sa capacité d'écoute, son impartialité, son absence de préjugés vont influer nécessairement sur la manière dont se déroulera le procès et sur l' « impression » que les jurés pourront retirer des débats. Les procès d'Omar Raddad à Nice et d'Élisabeth Cons-Boutboul à Paris ont illustré ce troisième écueil de la procédure d'Assises. Dans les deux cas, les preuves de la culpabilité des accusés étaient quasiment inexistantes et les présidents ont recouru à l'audition et à la lecture de nombreux témoignages à charge sur la personnalité des accusés pour pallier cette absence de preuves. Dans les deux cas, les verdicts de culpabilité ont laissé un sentiment de malaise à tous ceux qui continuent de penser que « le doute doit profiter à l'accusé ».

4. **La définition même du crime.** — Enfin, la notion même de crime qui autorise à renvoyer une personne devant les Assises est extrêmement fragile. Certes, elle reflète bien le système de valeurs que chaque société se donne à une époque donnée. Ainsi ne serait-ce qu'au XIXe siècle, le vol était encore passible de la peine de mort.

Des associations se sont battues, les unes pour considérer que les mutilations sexuelles rituelles (excision, par exemple) sont un crime et non un délit, d'autres pour que le viol soit lui aussi criminalisé : globalement, elles ont obtenu satisfaction.

Le Nouveau Code pénal inspiré par l'ancien garde des Sceaux Robert Badinter mais sérieusement remanié lors de son examen par le Parlement a tenté de remettre un peu d'ordre et de sens dans ce qui est regardé comme punissable en cette fin de XXe siècle et dans la manière dont ce doit être sanctionné, comme nous l'avons vu dans le chapitre I.

Ainsi, le crime s'est essentiellement recentré sur la notion d'atteinte à l'intégrité de la personne considérée comme plus grave que l'atteinte aux biens, qui avait marqué l'ancien code pénal napoléonien. Mais on trouve encore dans la liste des infractions considérées comme crimes des actes qui mettent en péril le crédit de l'État (fausse monnaie) ou à sa sûreté (espionnage). Quant à la criminalisation du trafic de stupéfiant en bande organisée, elle traduit certainement une volonté politique de lutter avec énergie contre la drogue, mais elle est plus opportuniste que source de cohérence. De plus, elle posera très certainement des problèmes techniques quand il faudra concrètement déterminer si tel trafiquant doit être renvoyé devant le tribunal correctionnel parce qu'il serait « tout seul » ou au contraire devant les Assises parce qu'il aurait agi de concert avec d'autres.

Pour répondre en partie à ces critiques, le garde des Sceaux Jacques Toubon a proposé le 5 juin 1995, d'instaurer un appel des décisions des Cours d'Assises. Selon la première ébauche du texte en cours d'élaboration à l'automne 1995, les affaires criminelles seraient d'abord jugées par des tribunaux criminels départementaux (TCD), composés de magistrats et d'échevins. Il s'agit de citoyens qui peuvent faire office de magistrats, au côté des juges professionnels. Les TCD rendraient des jugements motivés dont il serait possible de faire appel devant les Cours d'Assises dans leur composition actuelle. Devant les critiques virulentes suscitées par son projet, M. Toubon a confié à un Haut Comité Consultatif le soin de réfléchir sur cette réforme dont il a renvoyé l'examen par le Parlement au premier trimestre 1997.

Les détracteurs de ce projet encore incertain y voient plusieurs dangers : d'une part, la mort du jury parce que la majorité des affaires seraient jugées seulement devant des magistrats et des échevins, et d'autre part, la faible marge de manœuvre des jurés des Assises en appel, quand ils auront à rejuger une affaire pour laquelle ils disposent déjà d'une décision judiciaire motivée.

La deuxième critique vise les échevins : qui seront-ils, par qui seront-ils désignés et pour combien de temps ? Aux yeux de bien des avocats pénalistes, cette « professionnalisation » de citoyens aux côtés des magistrats traduirait un recul de la démocratie dans la justice, mieux assurée, selon eux, par un tirage au sort.

Enfin, la réforme prévue par M. Toubon ne répond pas à certains dysfonctionnements des Assises, liés par exemple à la place trop importante prise par le président ou au déséquilibre des droits entre accusation et défense à l'audience.

En tout cas, telle qu'elle est conçue, la Cour d'Assises est un édifice fragile et toute réforme partielle ne ferait probablement qu'aggraver les défauts d'une justice qui ne parvient pas à se débarrasser de ses archaïsmes. Ainsi, M. Toubon n'a pas osé, dans la mouture actuelle du projet, toucher au mythe d'un peuple souverain dont les décisions seraient par nature indiscutables. Dans ce projet, les premiers juges, professionnels ou semi-professionnels (sans doute nommés pour plusieurs années) pourraient se tromper en rendant un jugement motivé. Et, en appel, l'ultime décision serait toujours rendue au nom de l'« intime conviction », concept indéfinissable mais qui a la vie dure. En cette fin de XXe siècle, peut-on encore conserver une notion aussi vague pour prononcer les plus lourdes condamnations en se fondant uniquement sur des « impressions » ? Faut-il maintenir à tout prix ce qu'un magistrat n'hésite pas à appeler la justice au *feeling* ?

Les adversaires d'une décision motivée rendue par un jury estiment que cette formule ne ferait que donner plus de pouvoir aux magistrats professionnels, seuls capables de rédiger un arrêt. Mais cette idée aussi n'est-elle pas aussi un préjugé tout à fait discutable. Lors d'un colloque sur le jury, Maurice Zavaro, un président réputé pour la sagesse des décisions rendues par sa Cour d'Assises, constatait : « Si l'intime conviction n'est pas n'importe quoi, si la démarche est rationnelle, on doit pouvoir l'expliquer rationnellement. »

Dès lors, pourquoi ne pas maintenir le jury en première instance afin que la juridiction criminelle conserve la richesse donnée par le regard neuf des juges non professionnels. Mais l'intime conviction serait remplacée par la rigueur de la preuve dûment constatée par les jurés. Certes, la notion de la preuve serait à définir d'une façon moins fantaisiste que celle en usage dans l'Ancien Régime et qui a laissé tant de mauvais souvenirs. Cette notion, le pendant du doute, devrait être entourée de conditions extrêmement sévères. Cependant, une telle exigence heurte beaucoup de magistrats qui estiment dans certaines affaires qu'il deviendrait impossible de condamner. Dans notre système actuel, l'expérience montre que beaucoup de dossiers ont été mal instruits. Ici, on s'est contenté d'aveux recueillis dans des conditions discutables, là, des témoins ont subi des pressions de la part de la police et surtout, dans une proportion non négligeable de cas, on constate que l'arrêt de renvoi ne reflète en réalité que « la conviction du policier » ou du gendarme chargé de l'enquête. Une réforme efficace, comme nous l'évoquons auparavant dans les critiques sur la procédure d'instruction, ne doit donc pas seulement concerner la Cour d'Assises. L'instruction menée par un magistrat qui a le défaut de cumuler les fonctions de juge et de policier mérite une sérieuse réforme. Mais, déjà, si les magistrats et les enquêteurs étaient convaincus qu'un dossier sans preuve serait impitoyablement rejeté par les jurés, il est certain que les méthodes changeraient.

Revêtue de ce manteau de rigueur, la Cour d'Assises y perdrait la magie et le mystère qui lui ont donné un charme redoutable. Mais il s'agit là de considérations poétiques difficilement conciliables avec une bonne justice.

ANNEXES STATISTIQUES

Annexe 1. — **La place des crimes dans l'ensemble des infractions**

Année	*Nombre total d'infractions* (1)	*Condamnés pour délits*	*Condamnés pour crimes*
1984	637 145	491 516	2 187
1985	639 840	526 558	2 363
1986	623 211	523 224	2 566
1987	506 996	413 884	2 410
1988	341 770	303 316	2 886
1989	520 678	422 057	2 714
1990	577 170	469 137	2 607
1991	577 832	452 389	2 686
1992	562 374	459 277	2 543

(1) Le nombre total d'infractions ayant donné lieu à condamnations est la somme des délits, des crimes et des contraventions de 5e classe (les plus graves). Ont été volontairement exclues de ce calcul les amendes pénales majorées et les ordonnances pénales (qui se comptent par millions).

ANNEXE 2. — **Les personnes condamnées par les Cours d'Assises** *(selon la longueur de la peine)*

Année	*Réclusion perpétuelle*	*Réclusion à temps (de 5 à 20 ans)*	*Prison (jusqu'à 5 ans)*
1984	59	1 312	900
1985	72	1 562	938
1986	77	1 672	970
1987	90	1 572	879
1988	92	1 944	970
1989	104	1 837	770
1990	80	1 772	753
1991	99	1 811	768
1992	86	1 708	743

Source : *Annuaires statistiques de la Justice* (1988 et 1988-1992).

ANNEXE 3. — **Répartition par types de crimes**

	1984	*1985*	*1986*	*1987*	*1988*	*1989*	*1990*	*1991*	*1992*
Homicide volontaire	586	633	629	602	684	593	620	547	593
Coups et violences volontaires	283	297	298	282	283	312	291	311	271
Viols	563	618	619	574	711	677	729	913	892
Atteintes aux biens	834	989	1 151	1 041	1 311	1 112	928	880	768
Atteintes sûreté publique	17	36	22	40	14	15	39	24	7
Autres crimes	1	7	6	8	10	5	0	11	12

Source : *Annuaires statistiques de la Justice* (1988 et 1988-1992).

BIBLIOGRAPHIE

Raymond Charles, *Histoire du droit pénal,* coll. « Que sais-je ? », PUF, 1969.
Roger Merle et André Vitu, *Traité de droit criminel. Procédure pénale,* Éd. Cujas, 3e éd., 1979.
Ministère de la Justice, *Guide pratique de la justice,* Éd. Gallimard, 1984 (rééd. en 1988).
Jean Pradel, *Droit pénal,* Éd. Cujas, 1993.
Jean Pradel, *Procédure pénale,* Éd. Cujas, 1993.
Jean-Marc Théolleyre, *Ces procès qui ébranlèrent la France,* Grasset, 1966.
Gilles Perrault, *Le pull-over rouge,* Éd. Ramsay, 1978.
Charles Ambroise-Colin, *Robert Brasillach. Un procès de l'épuration,* Éd. Mame, 1971.
Gaston Leroux, *Du capitaine Dreyfus au Pôle Sud,* coll. « Grands Reporters », Éd. 10-18, 1985.
Arkadi Poltorak, *Le procès de Nuremberg,* Moscou, Éd. du Progrès, 1987.
Agence France Presse, *Procès Barbie : l'AFP raconte,* AFP, 1987.
Jean-Denis Bredin, *L'affaire Dreyfus,* Julliard, 1983.
Georges Picca et Liane Cobert, *La Cour de Cassation,* coll. « Que sais-je ? », PUF, 1986.
Michel Landry, *Le psychiatre au tribunal,* « Eppsos », Privat, 1976.
Hubert Pinsseau, *L'organisation judiciaire de la France,* La Documentation française, 1985.
Ministère de la Justice, *Annuaire statistique de la justice,* La Documentation française, 1988-1992.
Code pénal et *Code de procédure pénale,* rééd. annuelle, Dalloz.
La Gazette du Palais, hebdomadaire d'informations juridiques.
Frédéric Pottecher, *Grands procès : Powers, Adams, Eichmann,* Arthaud, 1964.
Henri Angevin, *La pratique de la Cour d'Assises,* Litec, Librairie de la Cour de Cassation, 1989.
Henry Leclerc, *Le Nouveau Code pénal,* Éd. du Seuil, 1994.
Jean-Marc Théolleyre, *L'accusée,* Robert Laffont, 1991.
Dominique Vernier, *La justice en France,* La Découverte, 1993.
Claude Cherki-Niclés et Michel Dubec, *Crimes et sentiments,* Éd. du Seuil, 1992.
Dominique Conil, *Notre Justice,* Flammarion, 1995.

TABLE DES MATIÈRES

Imprimé en France
Imprimerie des Presses Universitaires de France
73, avenue Ronsard, 41100 Vendôme
Avril 1996 — N° 42 528